Junior NKIERE MAKOLONI

CURSO DE INFORMÁTICA DO PRIMEIRO ANO SA

AF665808

Junior NKIERE MAKOLONI

CURSO DE INFORMÁTICA DO PRIMEIRO ANO SA

ScienciaScripts

Imprint

Any brand names and product names mentioned in this book are subject to trademark, brand or patent protection and are trademarks or registered trademarks of their respective holders. The use of brand names, product names, common names, trade names, product descriptions etc. even without a particular marking in this work is in no way to be construed to mean that such names may be regarded as unrestricted in respect of trademark and brand protection legislation and could thus be used by anyone.

Cover image: www.ingimage.com

This book is a translation from the original published under ISBN 978-620-6-71276-3.

Publisher:
Sciencia Scripts
is a trademark of
Dodo Books Indian Ocean Ltd. and OmniScriptum S.R.L publishing group

120 High Road, East Finchley, London, N2 9ED, United Kingdom
Str. Armeneasca 28/1, office 1, Chisinau MD-2012, Republic of Moldova, Europe
Managing Directors: Ieva Konstantinova, Victoria Ursu
info@omniscriptum.com

Printed at: see last page
ISBN: 978-620-8-50935-4

Copyright © Junior NKIERE MAKOLONI
Copyright © 2024 Dodo Books Indian Ocean Ltd. and OmniScriptum S.R.L publishing group

Conteúdo

PREFÁCIO

Ensinar os conceitos fundamentais da informática a um aluno que inicia o ensino secundário em Secretariado-Administração é uma das etapas mais importantes da sua formação integral, com o objetivo de desenvolver o espírito de iniciativa, a criatividade e a responsabilidade e de se adaptar à evolução técnica e tecnológica, uma vez que o ensino secundário é o elo de ligação entre o ensino básico e a vida prática.

O seu objetivo é desenvolver o espírito crítico, a criatividade e a curiosidade intelectual dos alunos e prepará-los para uma , para o ensino superior ou para os estudos universitários. [1]Uma das prioridades da educação, decidida pelos Estatutos Gerais da Educação Nacional, é formar as crianças para adquirirem competências informáticas .

O mundo atual está a evoluir ao ritmo das tecnologias da informação e da Internet (auto-estradas da informação). Todos os aspectos da nossa sociedade são regidos por uma organização e uma administração baseadas nas tecnologias da informação. A informática, até agora considerada e utilizada como instrumento e suporte de certas disciplinas nos sistemas educativos nacionais, deve tornar-se um verdadeiro objeto de estudo por direito próprio. E este ensino só pode ser feito de forma eficaz com base num suporte bem escrito por um especialista em informática, respeitando o currículo nacional do país.

O ensino desta disciplina levará os alunos a adoptarem um comportamento responsável e a demonstrarem competências de vida prática em relação às TI.

Agradecemos ao Ministério Provincial da Educação de Haut-Uélé e à Inspeção Provincial de Haut-Uélé 2 a sua participação na realização deste livro, que será útil não só à Província de Haut-Uélé, mas também a todas as escolas do nosso país que oferecem a opção secretariado-administração.

Recomendamos às escolas que valorizem plenamente a utilidade das ferramentas informáticas e que se esforcem mais por desvendar os mistérios desta nova disciplina, que transformará as crianças congolesas em indivíduos responsáveis e úteis para si próprios e para a sociedade.

Este livro é útil não só para os estudantes, mas também para os professores que pretendem aprender informática no domínio da administração.

---

[1] **Constant N'DOM NDA OMBEL** ,*programme d'informatique de l'enseignement secondaire, 2007*,**p.2.**

RESUMO

O sector das TI atrai um grande número de pessoas que procuram orientação ou reconversão profissional, devido à riqueza e diversidade de oportunidades de carreira que oferece. O sector está em constante evolução, com muitas possibilidades de inovação e oportunidades de carreira. No entanto, os estudantes devem estar conscientes das várias desvantagens associadas a este sector.

O ensino secundário tem por objetivo dotar os alunos de conhecimentos gerais e específicos que lhes apreender elementos do património cultural nacional e internacional. Tem igualmente por objetivo espírito crítico, a criatividade e a curiosidade intelectual, bem como preparar os alunos para uma profissão, para o ensino superior ou para os estudos universitários.

O estudante com formação em secretariado é um profissional capaz de utilizar as ferramentas informáticas para organizar a informação, tratar textos através dos programas Microsoft Office, imprimir e utilizar a Internet.

A escrita de um livro é uma necessidade vital para remediar os muitos problemas e desafios, tais como a falta de respeito pelo currículo nacional do curso de informática para alguns, e o respeito parcial por este currículo nacional para outros, o que prova uma falta de profissionalismo no ensino, porque o objetivo da educação nacional é a formação harmoniosa do congolês, um cidadão responsável, útil a si próprio e à sociedade, capaz de promover o desenvolvimento do país e da cultura nacional, cidadão responsável, útil a si mesmo e à sociedade, capaz de promover o desenvolvimento do país e da cultura nacional (Loi-cadre n°86-005 du 22 /09/1986 de l'Enseignement National). A escola deve, portanto, formar cidadãos produtivos, criativos, cultos, conscientes, livres e responsáveis, abertos aos valores sociais, culturais, estéticos, espirituais e republicanos (Charte de l'Education, CNS, 1992).[2]

Os alunos que tenham concluído com êxito uma formação informática ao nível do ensino secundário serão capazes de manusear os diferentes programas do sistema operativo (Windows) e as aplicações de tratamento de texto do Microsoft Word.

[2] Concebido e testado por **Junior NKIERE MAKOLONI**, engenheiro informático e investigador, em conformidade com o currículo nacional do Ministério do Ensino Primário, Secundário e Profissional da República Democrática do Congo (RDC). Contacto: +243 810870120, E-mail nkierejunior@gmail.com

OBJECTIVO

OBJECTIVO GERAL

No final do primeiro ano do curso de secretariado de Humanidades, qualquer estudante que siga assiduamente este curso será capaz de dactilografar documentos de acordo com as normas e utilizar ferramentas informáticas.

OBJECTIVOS ESPECÍFICOS

No final do primeiro ano do curso de secretariado de ciências humanas, o aluno será capaz de :

> organização da informação ;

> processamento e introdução de dados no computador ;

> descobrir o ms Word ;

> inserir um WordArt ;

> apresentar Excel ;

> imprimir um documento ;

> editar um documento Word ;

> conceitos informáticos de base ;

> conhecer o seu computador ;

> utilizar a Internet.

CAPÍTULO I

ORGANIZAÇÃO DA INFORMAÇÃO

I.1 FICHEIROS

I.1.1. DEFINIÇÃO

[3]Trata-se de um conjunto organizado de informações, designado por um nome preciso, que o sistema operativo de um computador manipula como uma entidade única, na sua memória ou num suporte de armazenamento .

I.1.2. TIPO DE FICHEIRO

Em informática, no mundo dos sistemas operativos MS/Dos e Windows da Microsoft, o tipo de ficheiro (o seu formato) é dado explicitamente (em teoria) por uma extensão ao seu nome de ficheiro, um sufixo, vulgarmente conhecido como "extensão de ficheiro".

FICHEIRO DO ESCRITÓRIO

Aqui estão as extensões para as aplicações do Office:

- **.doc**: versão anterior ao Word 2007.
- **.docx**: Word 2007 e posterior.
- **.xls**: versão anterior ao Excel 2007.
- **.xlsx**: Excel 2007 e posterior.
- **.ppt**: versão anterior ao PowerPoint 2007.

1.1.3. ORGANIZAÇÃO DE FICHEIROS

Uma organização de ficheiros é uma forma de dispor os registos num ficheiro armazenado em disco. [4]Um ficheiro pode ser acedido e modificado de diferentes formas, e uma organização de ficheiros pode ser boa para um tipo de acesso e má para outro.

1.1.3.1. ORGANIZAÇÃO FÍSICA DOS FICHEIROS

Neste caso, estamos a adotar uma perspetiva mais macro para compreender como os ficheiros são armazenados e organizados fisicamente num suporte de armazenamento.

1.1.3.2. ÁRVORE DE FICHEIROS E PASTAS

Numa estação de trabalho, pode encontrar várias **unidades de armazenamento**. Dependendo do sistema operativo, a forma como são representadas e nomeadas pode variar, mas os princípios básicos permanecem os mesmos.

[3] https://www.futura-sciences.com, consultado em 20/09/2023 às 00:20".
[4] https://www.labri.fr, consultado em 20/09/2023 às 00:24".

Clicando em *Computador*, é apresentada a lista de dispositivos de armazenamento "visíveis" na estação de trabalho. No Windows, cada um é representado por uma letra. No mínimo, encontrará o **disco rígido** da estação de trabalho (aqui *C:*), que pode estar particionado (ou seja, dividido em várias unidades). Poderá também ver **dispositivos de armazenamento amovíveis**, como uma unidade de disquete ou uma pen USB (aqui *D:*). Finalmente, podem existir **localizações de rede**, ou seja, unidades de armazenamento acessíveis através de uma rede (aqui *W:*, *X:*, *Y:*).

1.1.4. GESTÃO DE FICHEIROS

1.1.4.1. CRIAR UM FICHEIRO

Pergunta: como é que crio uma pasta dentro de uma pasta? (Vai criar uma pasta com o seu nome próprio na pasta ***Os meus documentos*)**.

1. Inicie **o Windows Explorer**.

2. No painel esquerdo, selecione a pasta **Os meus documentos** com as seguintes acções

2.1. no painel da esquerda, se necessário, mostrar as pastas contidas na pasta **Bibliotecas** (clicando no pequeno triângulo à esquerda de **Bibliotecas**);

2.2. No painel da esquerda, se necessário, visualize as pastas contidas na pasta **Documentos** (clicando no pequeno triângulo à esquerda de **Documentos**); **2.3**. Clique em **Meus Documentos** para selecionar esta pasta;

2.4. Note que selecionar uma pasta no painel esquerdo tem os seguintes efeitos: (1) no painel esquerdo, o nome da pasta é realçado a azul e enquadrado, e (2) no painel direito, os nomes das pastas e ficheiros contidos nessa pasta aparecem por ordem alfabética;

2.5. Lembre-se que quando seleciona uma pasta no Windows, esta diz ao Windows que as próximas acções se aplicarão a esta pasta)

3. Na pasta selecionada, crie uma pasta com o seu primeiro nome utilizando as seguintes acções: **3.1.**

Na barra de comandos, clique em **Nova pasta** (a barra de comandos encontra-se na parte superior do ecrã e começa com a palavra **Organizar**);

3.2. Note que **o Windows Explorer** criou uma pasta chamada **Nova Pasta** no painel do lado direito;

3.3. Note também que as palavras **Nova Pasta** estão selecionadas; isto indica que, se escrever palavras no teclado, essas palavras substituirão as palavras **Nova Pasta**;

3.4. Escreva **o seu primeiro nome** (note que o seu primeiro nome substitui automaticamente as palavras **Nova pasta**);

3.5. prima **Enter**.

4. Feche **o Windows Explorer clicando** no pequeno **X** no canto superior direito da janela.

CAPÍTULO II

TRATAMENTO E INTRODUÇÃO DE DADOS NO COMPUTADOR

11.1. DEFINIÇÃO DE RECOLHA DE DADOS

A recolha de dados refere-se à abordagem sistemática recolha e medição de informações a partir de uma variedade de fontes, a fim obter uma imagem completa e exacta de uma área de interesse.[5]

A recolha de dados permite a uma pessoa ou empresa responder a questões relevantes, avaliar resultados e antecipar melhor as probabilidades e tendências futuras.

11.2. MÉTODOS DE RECOLHA DE DADOS

Os inquéritos, as entrevistas e interesse são os principais instrumentos utilizados para recolher informações. Hoje em dia, com a ajuda ferramentas analíticas e da Web, as empresas podem também recolher dados de dispositivos móveis, do tráfego do sítio Web, da atividade do servidor e de outras fontes relevantes, de acordo com o projeto.

11.3. TIPOS DE DADOS

De um modo geral, existem dois tipos de dados: quantitativos e qualitativos. Os dados quantitativos são dados apresentados sob forma numérica: estatísticas, percentagens, etc. Os dados qualitativos são dados descritivos: cor, cheiro, aspeto, qualidade, etc.

11.4. DEFINIÇÃO DE ENTRADA DE DADOS

A introdução de **dados** consiste na recolha de dados e na integração de todas as informações contidas num documento da empresa num dispositivo eletrónico (computador portátil ou de secretária). A operação é efectuada manualmente através de um computador e de determinados programas informáticos. Os dados são armazenados na memória do computador. [6]No entanto, para maior segurança, muitas empresas estão a adquirir espaços Cloud onde efectuam as suas cópias de segurança.

A introdução ou **a transcrição dos dados** é uma tarefa que merece uma atenção especial, pois não devem ser introduzidos erros ou informações falsas na base de dados.

Tipos de introdução de dados

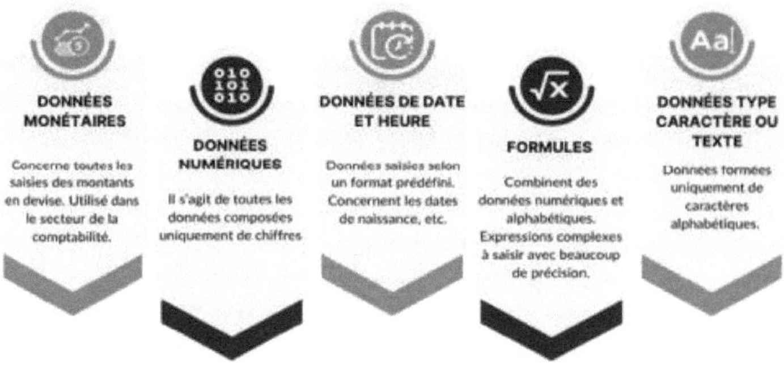

11.5. FONTES DE DADOS DE ENTRADA DO COMPUTADOR

Definição das fontes de dados

Uma fonte de dados é o local de onde provêm os dados utilizados. Uma fonte de dados pode ser o local onde os dados foram criados ou o local onde a informação física foi digitalizada.

---

5 https://www.lemagit.fr, consultado em 20/09/2023 às 1h00".

6 http://web.undp.org, consultado em 20/09/2023 às 1h20'.

11.6. MÉTODO DE INTRODUÇÃO DE DADOS

A captura de dados é um processo utilizado para recolher, registar e organizar informações num formato digital. É amplamente utilizado em muitos domínios, como a investigação científica, a análise de mercado, a gestão de recursos humanos e muitos outros. [7]A introdução de dados pode ser efectuada manualmente ou automaticamente através de software especializado.

11.6.1. OS DIFERENTES MÉTODOS DE INTRODUÇÃO DE DADOS

Existem vários métodos de introdução de dados, cada um com as suas próprias vantagens e desvantagens. Eis alguns dos métodos mais utilizados.

1. Entrada manual

A introdução manual de dados é o processo de introdução de dados à mão, em papel ou num computador. Este método é frequentemente utilizado quando os dados estão disponíveis em formato físico, como formulários em papel ou questionários. [8]A introdução manual de dados pode ser entediante e propensa a erros humanos, mas oferece uma flexibilidade e adaptabilidade significativas.

2. Entrada OCR

OCR (Optical Character Recognition) é uma tecnologia que converte documentos físicos em texto digital. Este método é frequentemente utilizado para digitalizar documentos impressos, tais como facturas, recibos ou contratos. [9]O OCR utiliza algoritmos sofisticados para reconhecer os caracteres impressos e convertê-los em texto editável.

3. Entrada de reconhecimento de voz

O reconhecimento de voz é um método de conversão de voz em texto. É frequentemente utilizado para transcrever reuniões, entrevistas e conferências. [10]O reconhecimento de voz utiliza software especializado para analisar gravações áudio e transformá-las em texto escrito.

4. Entrada automática

A captura automática de dados é um método que utiliza software para recolher e armazenar dados de diferentes fontes, como bases de dados, sítios Web ou ficheiros CSV. [11]Este método é frequentemente utilizado para recolher dados em tempo real, como dados meteorológicos ou dados financeiros.

II.6.2. VANTAGENS DO MÉTODO DE RECOLHA DE DADOS

O método de introdução de dados tem uma série de vantagens, nomeadamente:

1. Precisão

A recolha de dados fornece informações precisas e fiáveis. A utilização de software especializado permite minimizar os erros humanos e garantir a coerência dos dados recolhidos.

2. Poupança de tempo

A captura automática de dados permite recolher e registar rapidamente grandes quantidades de informação. Isto poupa tempo e recursos, eliminando a necessidade de introdução manual de dados.

3. Análise fácil

Depois de os dados terem sido introduzidos, é mais fácil analisá-los e interpretá-los. O software de introdução de dados permite que os dados sejam ordenados, filtrados e visualizados de forma eficiente, facilitando a identificação de tendências e padrões.

---

[7] http://web.undp.org, consultado em 20/09/2023 às 1h29'.
[8] https://www.yourtopia.fr, consultado em 20/09/2023 às 1h50'.
[9] Idem
[10] Idem
[11] Idem

Os desafios do método de recolha de dados

Embora o método de introdução de dados tenha muitas vantagens, não está isento de desafios. Eis alguns dos desafios mais comuns:

1. Custo

A criação de um sistema de recolha de dados pode ser dispendiosa, sobretudo se for necessário um software especializado. Além disso, a formação do pessoal para a utilização desse software pode também representar um investimento significativo.

2. Qualidade dos dados

A qualidade dos dados introduzidos pode variar consoante o método utilizado e as competências do pessoal de introdução de dados. É importante implementar processos de controlo de qualidade para garantir que os dados recolhidos são fiáveis e exactos.

3. Confidencialidade e segurança

A recolha de dados pode implicar a recolha informações sensíveis, como dados pessoais ou financeiros. É essencial que sejam adoptadas medidas de segurança adequadas para proteger estas informações contra o acesso não autorizado ou a violação da confidencialidade.

Conclusão

O método de recolha de dados é um processo essencial para recolher, registar e organizar a informação de forma eficiente. Oferece muitas vantagens, como a exatidão, a economia de tempo e a facilidade de análise. No entanto, também apresenta desafios, como o custo e a qualidade dos dados. É importante escolher o método de recolha de dados mais adequado às suas necessidades específicas e pôr em prática processos de controlo de qualidade para garantir a fiabilidade dos dados recolhidos.

Perguntas e respostas

P: Qual é o melhor método para introduzir dados?

R: *O melhor método de recolha de dados depende das necessidades específicas de cada projeto. A recolha manual de dados pode ser mais adequada quando os dados estão disponíveis em formato físico, enquanto a recolha automática de dados pode ser preferível para a recolha de dados em tempo real. É importante ponderar as vantagens e desvantagens de cada método antes de tomar uma decisão.*

P : Como posso garantir a qualidade dos dados que introduzo?

R: *Para garantir a qualidade dos dados introduzidos, é essencial implementar processos de controlo de qualidade. Estes podem incluir a verificação dos dados por vários operadores, a utilização de software de validação automática ou a comparação dos dados com fontes externas. É igualmente importante formar o pessoal em matéria de introdução de dados e fornecer-lhe orientações claras sobre as normas de qualidade a respeitar.*

P : Quais são as vantagens da introdução automática de dados?

R: *A recolha automática de dados oferece uma série de vantagens, como a rapidez, a precisão e a capacidade de recolher dados em tempo real. Também poupa tempo e recursos ao evitar a entediante introdução manual de dados. No entanto, é importante escolher um software fiável de introdução automática de dados e implementar processos de controlo de qualidade para garantir a fiabilidade dos dados recolhidos.*

11.7. DETECTAR ERROS DE ENTRADA

A verificação da entrada é uma fase muito importante qualquer operação **de processamento de dados**. O conteúdo dos ficheiros deve ser exato, completo e isento de erros. O controlo da introdução de dados é efectuado em várias fases, em função da natureza dos dados a introduzir e do tipo de erro a detetar.

11.7.1. CONTROLO DA VALIDADE DAS INSCRIÇÕES

Os erros de introdução distorcem o resultado ou tornam o cálculo inconsistente ou inoperante. Os controlos de validade são utilizados para evitar erros. Trata-se de verificar se as informações introduzidas não contêm erros, um número de ordem inexistente ou um número que não segue a lógica. Existem atualmente muitos pacotes de software que permitem aos utilizadores verificar se o que estão a escrever é válido. Tomando o Excel como exemplo, o operador pode, entre outras coisas, definir uma lista de valores autorizados (apenas números inteiros, limitar o comprimento do texto, definir um valor mínimo e máximo a introduzir, etc.). Deste modo, tudo o que não respeite os valores autorizados será considerado um erro.

11.7.2. DUPLICAÇÃO DO CONTROLO

As entradas duplicadas podem ser uma fonte de erro durante a introdução de dados. Assim, antes de validar e guardar o documento, é necessário detetar eventuais valores duplicados. O Excel permite-lhe efetuar este tipo de operação utilizando a formatação condicional e a fórmula de pesquisa de duplicados. Uma vez detectados os duplicados, é possível eliminá-los ou corrigi-los, caso sejam resultado de um erro.

11.7.3. CONTROLO DE CONTEÚDO DE TEXTO

A introdução de dados também se refere a conteúdos puramente textuais. Por exemplo, pode tratar-se da redação de uma ata de uma reunião, da redação de uma carta ou da transcrição de áudio ou vídeo. Nestes casos, é necessário verificar a ortografia, a sintaxe e a gramática.
Neste caso, deve ser utilizado um software de correção de texto. Se este conteúdo se destina a ser publicado no sítio Web (fichas de produtos, anúncios, etc.), é necessário verificar se não se trata de conteúdo duplicado. O Google exige que cada conteúdo seja original e relevante. É por isso que é necessário utilizar um software anti-plágio.

11.8. MEIO DE ARMAZENAMENTO

I.PERIFÉRICOS

1. Dispositivos de entrada :

Permitem que os dados sejam introduzidos e digitalizados (capturados, registados, digitalizados, etc.) para que possam ser processados e/ou armazenados num computador.
Exemplos: Teclado, rato, scanner, microfone, webcam, joystick, leitor de códigos de barras, unidade de CD-ROM, unidade de DVD, caneta ótica, câmara digital, ...

2. Dispositivos de saída :

Permitem a saída (visualização, projeção, impressão, áudio, etc.) de informação numa forma que pode ser compreendida pelo utilizador.
Exemplos: ecrã, impressora, altifalante, projetor de vídeo, plotter, etc.

3. Dispositivos de entrada/saída :

Permitem a troca de informações de e para a unidade central de processamento de um computador. *Exemplos:* modem, unidade de disquetes, gravador de CD ou DVD,

II. SUPORTES DE ARMAZENAMENTO :

Os suportes de armazenamento (memórias de massa ou memórias auxiliares) são suportes físicos que permitem armazenar dados de forma quase permanente. Alguns estão alojados nos compartimentos do armário, enquanto outros podem ser ligados a quente ou a uma unidade externa (conhecida como suporte amovível).

1. Disquetes

Uma disquete é um suporte de armazenamento amovível. Tem a forma de uma disquete na qual os dados são escritos utilizando uma cabeça de leitura/escrita localizada na unidade de disquete. Existem vários tipos de disquetes, sendo o principal a disquete de 3" У2, que tem 1,44 MB de

tamanho.
A produção de disquetes foi interrompida em 2011.
2. O disco rígido :
Um disco rígido é um dispositivo magnético de armazenamento em massa utilizado principalmente em computadores, mas também em leitores digitais portáteis, câmaras de vídeo, leitores/gravadores de DVD domésticos, consolas de jogos de vídeo, etc.
O primeiro disco rígido foi fabricado pela IBM com o tamanho de 5MO (1956) e atualmente o tamanho de um disco rígido atingiu os 8TO (fabricado pela Seagate em 2014). Um disco rígido caracteriza-se por:
-1- A sua capacidade de armazenamento expressa em GB ou TO
-2- A sua densidade expressa em GB por tabuleiro
-3- A sua velocidade de rotação expressa em rotações por minuto
O seu tempo de acesso expresso em milissegundos
A sua interface de ligação: IDE, SCSI ou SATA
A sua taxa de transferência média expressa em MB por segundo
Disco flash :
Uma unidade de memória flash USB é um pequeno dispositivo de armazenamento amovível que se liga à porta USB de um computador. Existem em diferentes formas e tamanhos.
Esta é a nova geração de suportes de armazenamento amovíveis, como um disco rígido externo. Tem as mesmas caraterísticas de um disco rígido.
O disco LASER (CD) :
Trata-se de um suporte de armazenamento ótico que se apresenta sob a forma de : CD-ROM, CD-RW e CD-AUDIO... Tem uma capacidade de cerca de 700 MB (300.000 páginas dactilografadas ou 74 minutos de dados áudio).
Caracteriza-se pelo seu elevado tempo de transferência de dados, baixo preço e longa duração. Pode ser acedido através de uma unidade de CD/DVD ou de um gravador de CD/DVD.
^ Um DVD (disco versátil digital) tem as mesmas caraterísticas que um CD, mas é 4,7 GB maior (1DVD ~7CD).
O cartão de memória :
O cartão de memória é um cartão semicondutor não volátil e regravável. Caracteriza-se pela sua durabilidade, dimensão muito reduzida e velocidade elevada. Os cartões de memória são utilizados numa vasta gama de aplicações (câmaras digitais, telemóveis, impressoras, computadores portáteis, leitores de MP3, etc.).
Fitas magnéticas :
A fita magnética (ou fita magnética) é um suporte utilizado para armazenar grandes quantidades de informação (arquivos) durante um longo período de tempo. A partir da década de 1950, os formatos de fita tornaram-se padrão: uma fita media no máximo 2400 pés de comprimento (732 metros) por У2 polegadas (127 mm) de largura.

CAPÍTULO III

DESCOBRIR A PALAVRA

111.1. LANÇAMENTO DO MS WORD

Existem diferentes formas de iniciar o MS Word.

A. COM O MENU INICIAR

Note-se que a forma mais convencional de iniciar o Word é utilizar o menu Iniciar. > > > Clique sucessivamente em **Iniciar todos os programas Microsoft Office Microsoft Word** (ver figura abaixo)

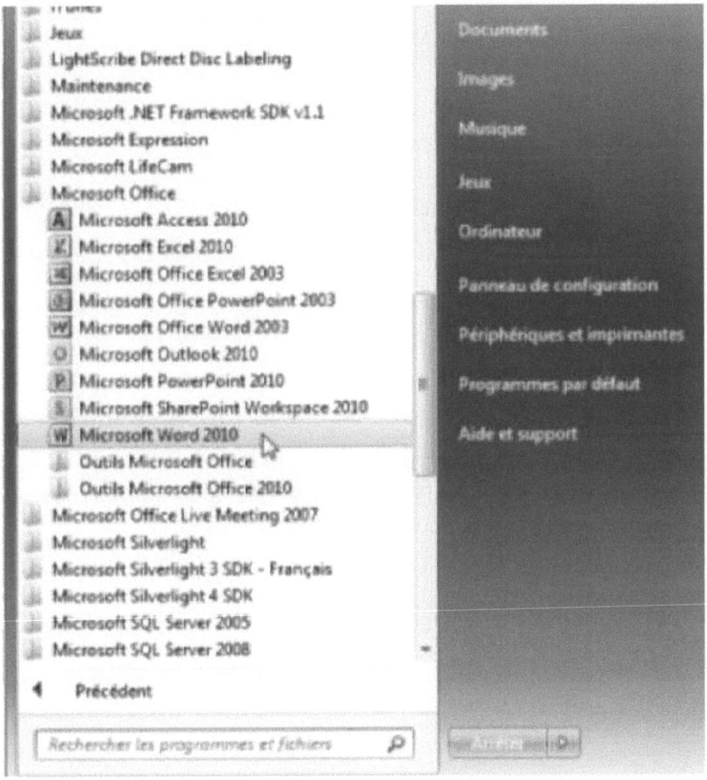

B. A PARTIR DO AMBIENTE DE TRABALHO

Se existir um ícone do Word no ambiente de trabalho do Windows, pode fazer duplo clique sobre ele para abrir a aplicação (ver figura abaixo).

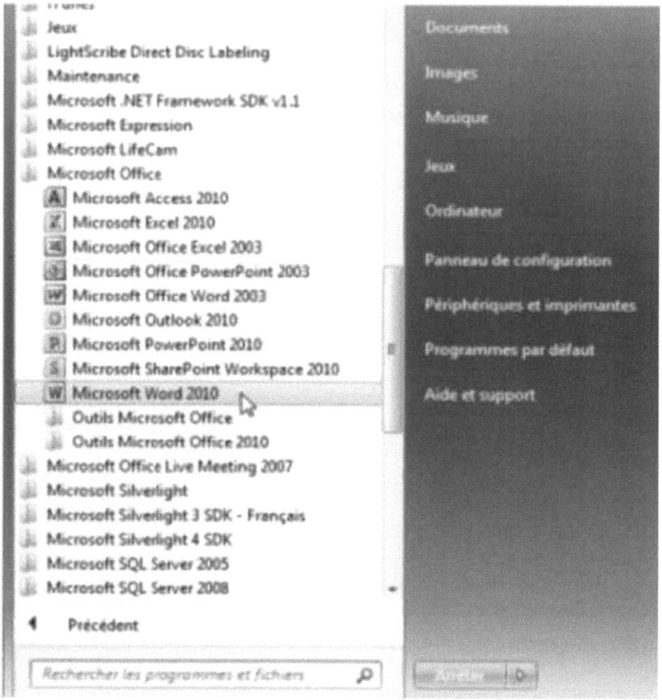

1.1.1. BREVE DESCRIÇÃO DA FITA

Para utilizar corretamente o Word, é importante compreender a sua interface, ou seja, os vários elementos que compõem a janela da aplicação (ver figura abaixo).

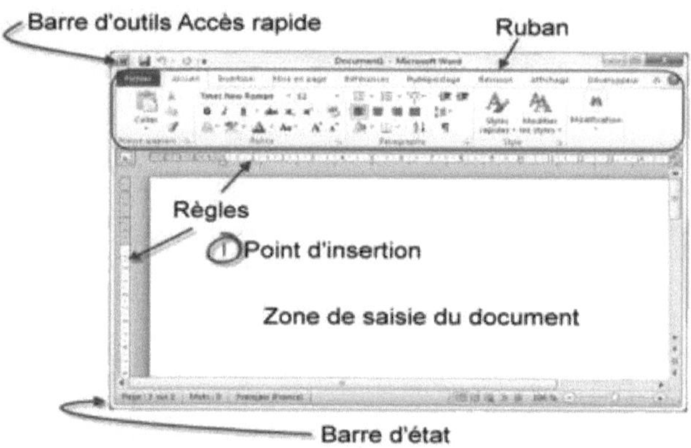

III.3. CRIAR UM NOVO DOCUMENTO

1.1.2. 1. NOVO DOCUMENTO WORD

A área de introdução de documentos ocupa a parte central da janela. Uma barra vertical intermitente, designada por "ponto de inserção", indica o local onde aparecerá o carácter

seguinte digitado no teclado. Se a área de entrada não for suficientemente grande para mostrar todo o documento, pode utilizar as barras de deslocação verticais e horizontais para se deslocar pelo documento.
o documento (ver figura abaixo).

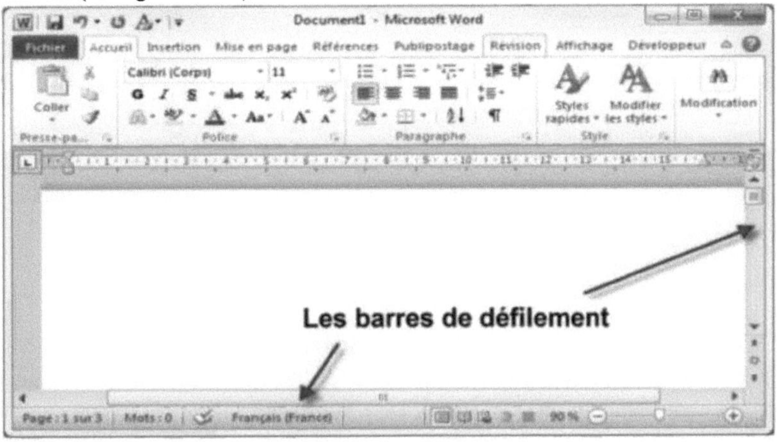

1.1.3. 2. VISUALIZAÇÃO DA REGRA

É possível exibir e ocultar facilmente a régua no Word. O Microsoft Word fornece uma régua que pode ser utilizada para definir separadores num documento.
Para exibir ou ocultar a régua no Microsoft Word, primeiro selecione o separador "**Ver**" na Faixa de Opções. Em seguida, marque ou desmarque a caixa "**Régua**" no grupo "**Mostrar**para ativar ou desativar a apresentação da régua. Assinale a caixa para visualizar a régua. Se desmarcar a caixa, a régua fica oculta.

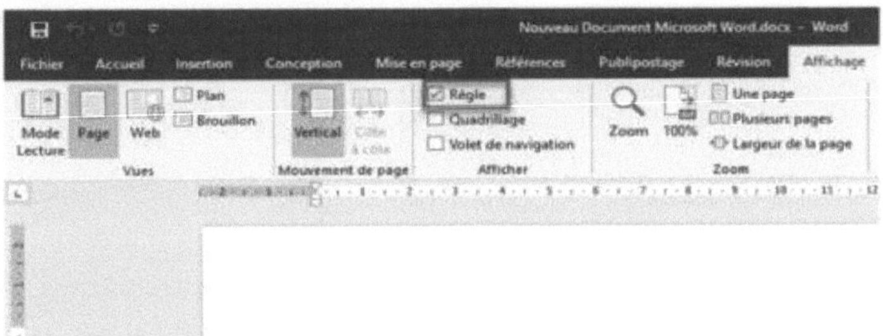

1.1.4. 3. ENTRADA DE TEXTO

Para introduzir texto, basta escrever o texto pretendido na parte apropriada da janela. Ao contrário de uma máquina de escrever, não precisa de validar no fim da linha, porque a quebra de linha é automática. O Word encarrega-se disso por si. Isto é conhecido como "escrever ao quilómetro". A validação só é efectuada quando se pretende criar um novo parágrafo.
Para criar ou alterar um parágrafo, basta premir a tecla Enter duas vezes. A primeira vez, marca o fim do parágrafo e a segunda vez deixa uma linha em branco entre os dois parágrafos. Um parágrafo pode conter de zero a . ..muitos caracteres (um espaço conta como um carácter, o carácter não imprimível que o representa é um pequeno ponto.

111.4. ABRIR, GUARDAR E FECHAR UM DOCUMENTO

Permite aceder às funções gerais de controlo e de regulação do software (guardar um documento, abrir, imprimir, definir opções, etc.). Utilizamos o botão Escritório para alguns escritórios e o menu Ficheiro para outros.

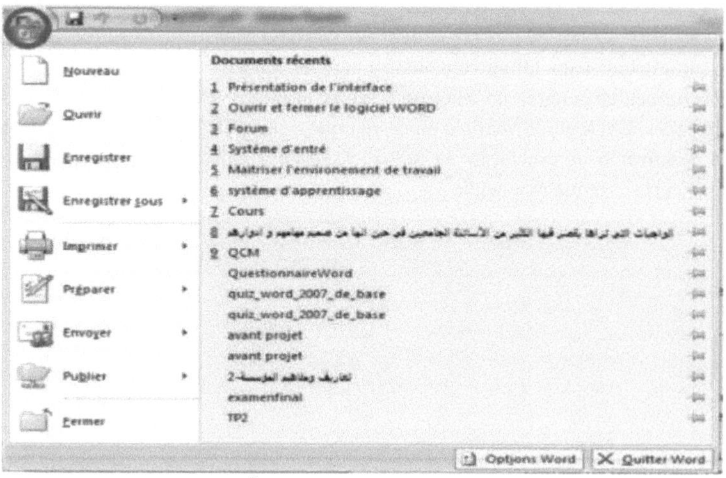

111.4.1. GUARDAR ALTERAÇÕES NUM DOCUMENTO

Depois de criar um documento, não se esqueça de o guardar, caso contrário arrisca-se a perder todo o seu trabalho.

Para o fazer, clique no **botão Office** (ou no **menu Ficheiro** para alguns escritórios) e, em seguida, no botão **Guardar como.** Pode então escolher o formato de gravação:

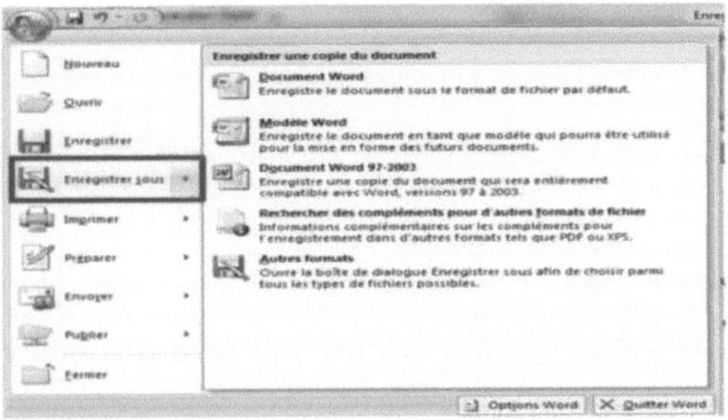

Agora, é necessário escolher o local onde pretende guardar o ficheiro e especificar o nome do ficheiro.

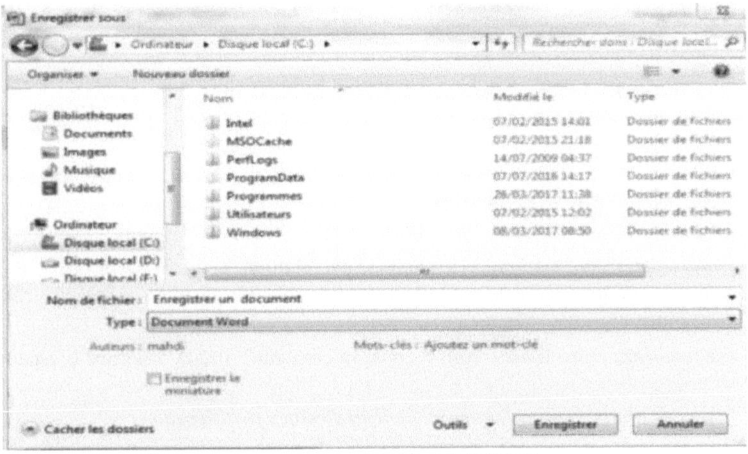

111.5. FORMATAÇÃO DE UM DOCUMENTO DO WORD

111.5.1. FORMATAÇÃO DE PARÁGRAFOS

Assim que premir *a tecla Enter* dentro de um texto, cria um novo parágrafo (vazio, se não contiver caracteres).

Há tantos parágrafos quantos ¶ caracteres (visualizados quando se prime o botão "Mostrar r"). tudo" está ativado).

Para alterar a *formatação de um único parágrafo, basta colocar o cursor nesse parágrafo.* Caso contrário, têm de ser selecionados.

Para formatar parágrafos, pode utilizar :

- *Os comandos do grupo Parágrafo*, no separador Página inicial ;
- A janela *"Parágrafo"* que aparece depois de ativar o iniciador do grupo Parágrafo ;
- *A barra de ferramentas de mini-formatação* ;
- *A régua horizontal.* Se não for apresentada: assinale a caixa "Régua" no grupo Mostrar/Ocultar no separador Ver.
- Ou, mais rapidamente: clique no botão na parte superior da janela

a barra de deslocação vertical.

Retiradas

Existem 4 tipos de indentação, 3 à esquerda que correspondem aos símbolos: - na régua e um à direita : " .

a) **Recuo à esquerda** (ou seja, espaço deixado à esquerda, para além da margem)

Existem três tipos de retirada à esquerda:

- *Recuo global* (para todas as linhas): clique e arraste no recuo - na régua. O texto é alinhado com a linha vertical a tracejado.
- *Indentar apenas a 1ª linha de cada parágrafo*: clicar e arrastar a indentação na régua. Esta formatação é frequentemente utilizada.
- *Indentar todas as linhas exceto a primeira linha de cada parágrafo* (ao contrário do caso anterior): clique e arraste no "recuo esquerdo" da regra.

b) **Recuo à direita** (ou seja, espaço deixado à direita, para além da margem)

Desta vez, utilize o travessão direito ~ da regra.

Se achar que a definição de recuos com a régua não é suficientemente precisa, utilize a janela "Parágrafo": clique com o botão direito do rato no texto selecionado > Parágrafo > separador "Recuo e espaço".

Ou, mais rapidamente, *faça duplo clique num dos 4 símbolos de indentação na régua.*

c) **Botões "Diminuir a contração" e "Aumentar a contração**

O botão "Diminuir travessão" =F e o botão "Aumentar travessão" estão situados no grupo "Parágrafo".

Os valores de indentação dependem da posição dos pontos de tabulação (ver secção 4 abaixo), que são definidos por defeito a cada 1,25 cm.

d) ***Espaçamento e espaçamento entre linhas***

A *janela "Parágrafo"* também pode ser utilizada para definir :

- *Espaçamento* preciso *entre parágrafos* selecionados ;
- Se escolher um espaçamento antes e depois, estes serão somados.
- *Espaçamento* entre linhas, com o espaçamento entre linhas a definir o espaço *entre linhas.*

e) ***Os 4 tipos de alinhamento: esquerda, centro, direita e justificação***

Os alinhamentos são efectuados em relação aos recessos, se existirem, ou em relação às margens esquerda e direita.

= Utilizar os 4 botões de alinhamento **à esquerda**, **ao centro, à direita** e **justificar**.
localizado no grupo Parágrafo, no separador Página inicial. O modo "Justificar" estica o texto de travessão em travessão ou de margem em margem.

f) ***Quebra de linha no mesmo parágrafo***

Quando se prime Enter, ocorre uma quebra de linha (o cursor move-se para a linha seguinte) e é criado um novo parágrafo.

Pode fazer uma quebra de linha enquanto permanece no mesmo parágrafo: em vez de digitar Enter, digite Shift + Enter.

"-I <

O carácter , é apresentado no fim da linha quando o botão "Mostrar tudo" está ativado.

CAPÍTULO IV

INSERIR UM DOCUMENTO DO WORD ART

> Para inserir um documento WordArt, basta selecionar o menu **Inserir Word Art** e, em seguida, selecionar a opção pretendida.

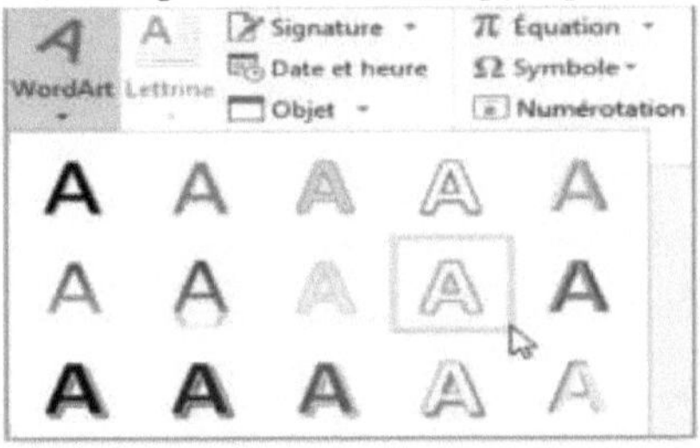

Introduza o seu texto

Transformar texto existente num objeto WordArt

1. Selecione o texto.
2. Selecione **WordArt** e, em seguida, a opção pretendida.

Personalizar o seu objeto WordArt

1. Selecione o objeto Word Art.
2. Selecione **Preenchimento de texto** e, em seguida, escolha uma opção.

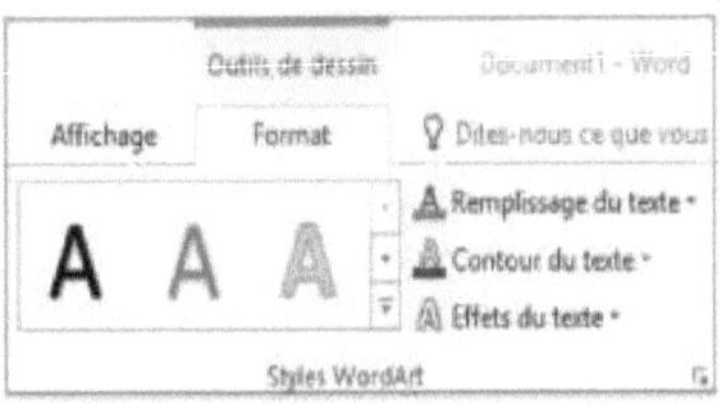

CAPÍTULO V

IMPRIMIR UM DOCUMENTO

1. > Para tal, selecione Ficheiro **Imprimir**.
2. Para pré-visualizar cada página, selecione as setas de avanço e retrocesso na parte inferior da página ....
3. Escolha o número de cópias e outras opções e, em seguida, selecione o botão Imprimir.

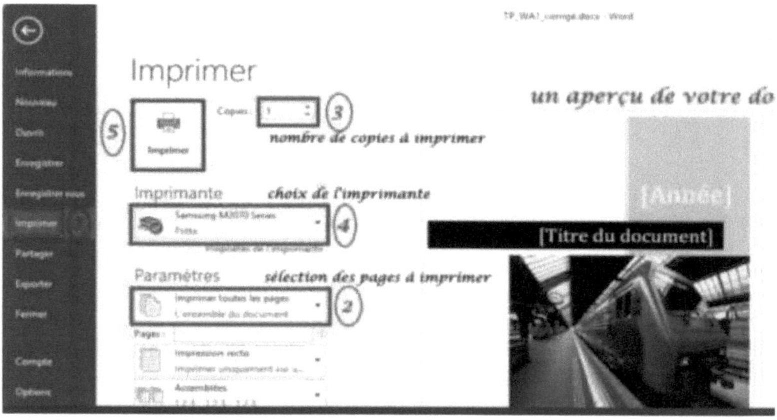

CAPÍTULO VI

PRÁTICA

CAPÍTULO VII

INTRODUÇÃO AO EXCEL

VII.1. INICIAR O EXCEL

Cfr. o mesmo processo do MS WORD

VII.2. ENCERRAMENTO DO EXCEL

Tal como é possível guardar todos os documentos abertos de uma só vez no Word ou no Excel, também é possível fechá-los a todos.

Quando terminar de adicionar e editar texto num livro de trabalho do Excel, deve fechar o livro de trabalho para reduzir a confusão no ambiente de trabalho. Se o livro de trabalho for muito grande ou contiver muitas imagens, fechar o ficheiro também liberta memória e outros recursos do sistema.

Quando se fecha uma pasta de trabalho, o Excel verifica automaticamente se foram feitas alterações na pasta de trabalho desde a última vez que foi guardada. Se o Excel determinar que a pasta de trabalho contém alterações não guardadas, pede-lhe que guarde o ficheiro. Para evitar perder o seu trabalho, certifique-se de que guarda a pasta de trabalho.

1) Apresentar o livro de trabalho que pretende encerrar.

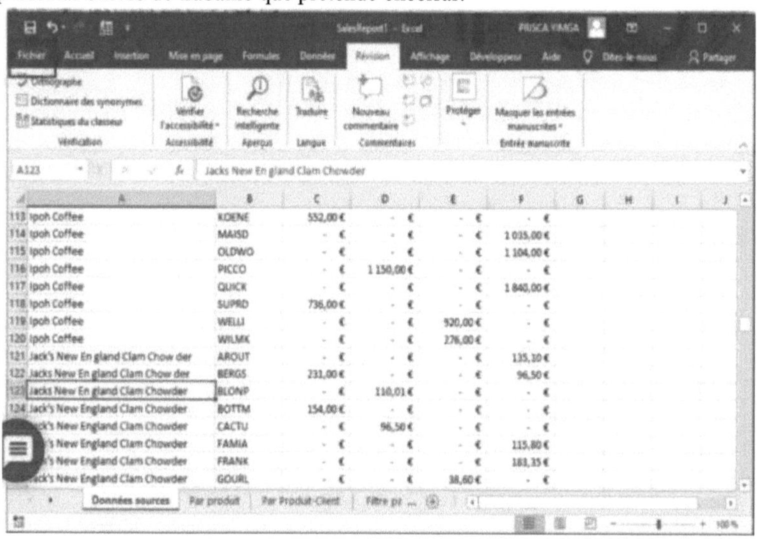

2) Clique no separador Ficheiro.

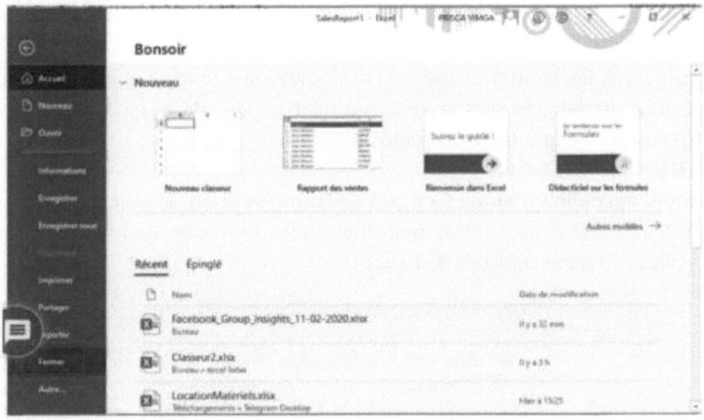

V II.3.DIFERENTES ZONAS DE APLICAÇÃO DO EXCEL

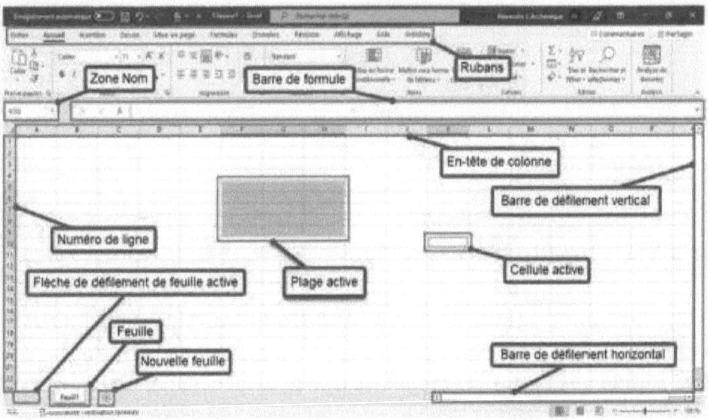

Zona de nome: Apresenta o nome da célula selecionada. Também pode ser utilizado para nomear um intervalo de células com um nome específico sem espaços ou caracteres especiais.
Barra de fórmulas: Apresenta fórmulas e funções para a célula ativa.
Cabeçalho da linha: Quando clicamos no cabeçalho da linha (número), seleccionamos a linha inteira.
Seta de deslocação da folha ativa: desloca as folhas para a direita ou para a esquerda, o que é muito útil para pastas de trabalho grandes que contêm várias folhas.
Folha: Cada folha tem 1.048.576 linhas e 16.384 colunas.
Adicionar folha: Adiciona uma folha à direita da folha selecionada.
Fitas: Existem várias fitas que reúnem uma vasta gama de ferramentas.
Célula ativa: Cada célula de uma folha pode conter um máximo de 32.767 caracteres.
Cabeçalho da coluna: Quando clicamos no cabeçalho (a letra) de uma coluna, seleccionamos simultaneamente todas as células da coluna.
Barra de deslocação vertical: A barra de deslocação vertical é utilizada para deslocar o conteúdo da zona apresentada para baixo ou para cima quando a altura da zona é insuficiente para apresentar todo o seu conteúdo.

Intervalo ativo: Esta é a área que fica a cinzento quando seleccionamos várias células adjacentes para as podermos manipular todas ao mesmo tempo.

Barra de deslocação **horizontal:** A barra de deslocação horizontal é utilizada para deslocar o conteúdo da área apresentada para a direita ou para a esquerda quando a largura da área é insuficiente para apresentar todo o seu conteúdo.

V II.4. BARRA DE TÍTULOS

A barra de título **apresenta o nome da pasta de trabalho atual**. Esta área dá-lhe acesso com um clique aos comandos que utiliza frequentemente. Esta área dá-lhe acesso a todos os comandos, opções e funcionalidades do Excel.

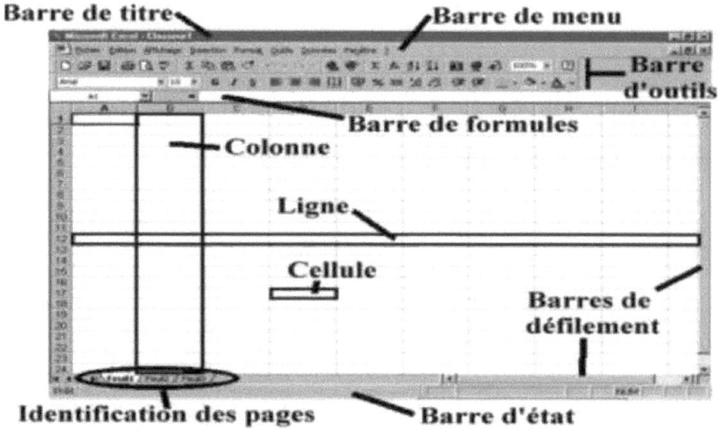

VII.5.DESCRIÇÃO DO FRISO DO EXCEL

A Faixa de **Opções é um conjunto de barras de ferramentas localizado na parte superior da interface. Esta**
dá-lhe acesso rápido aos vários comandos de que pode necessitar no Excel. Contém os principais comandos por defeito, mas pode ser completamente personalizado.
se necessário.

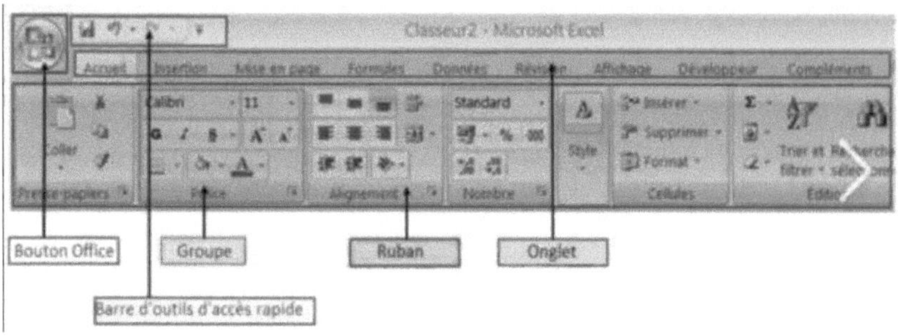

VII.6. CRIAR UMA TABELA SIMPLES COM O EXCEL

V II.6.1. INSERÇÃO E ELIMINAÇÃO DE LINHAS E COLUNAS

Para inserir ou eliminar linhas e colunas numa tabela do Excel, pode **:**

I- Selecione uma célula na coluna e, em seguida, vá para Início > Inserir > Inserir colunas na

folha de cálculo ou Eliminar colunas da folha de cálculo. O utilizador
Em alternativa, clique com o botão direito do rato na parte superior da coluna e selecione Inserir ou Eliminar para adicionar ou remover uma coluna.
I- Selecione qualquer célula da tabela, clique com o botão direito do rato e vá para "Inserir". Selecione "Colunas na tabela à esquerda" ou "Linhas na tabela acima" no menu de contexto para adicionar uma ou outra.

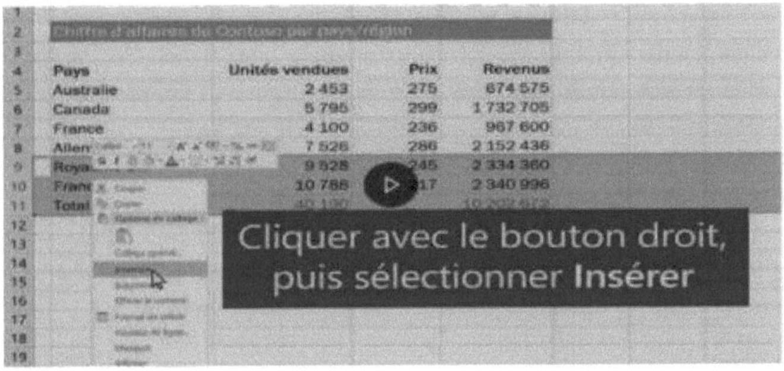

VII.6.2. DESIGNAÇÃO DE UMA FOLHA

1. Faça duplo clique no separador **da folha** e, em seguida, escreva o novo nome.
2. Clique com o botão direito do mouse na guia **da planilha**, clique em **Renomear** e digite o novo nome.
3. Utilize o atalho de teclado Alt+H > O > R e escreva o novo nome.

VII.6.3. TRABALHAR COM DIMENSÕES

Para determinar o tipo de letra predefinido para a folha de cálculo, proceda da seguinte forma:
1. No menu Formatar, clique em Estilo.
2. Leia o tipo de letra listado junto à caixa de verificação Tipo de letra.

Para alterar o tipo de letra predefinido, proceda da seguinte forma:
1. No menu Formatar, clique em Estilo.
2. Clique em Modificar.
3. No separador Tipo de letra, selecione o tipo de letra, o estilo e o tamanho pretendidos.
4. Clique em OK.

Para alterar o tipo de letra predefinido no Excel 2007, proceda da seguinte forma :
1. Na guia **Configuração de página**, no grupo **Temas**, clique em **Fontes**.
2. Clique em **Criar novas fontes de tema**.
3. Nas zonas **Tipo de letra do título** e **Tipo de letra do corpo**, selecione os tipos de letra que pretende utilizar.
4. No campo **Nomeado**, escreva **Office** para substituir o modelo predefinido.
5. Clique em **Guardar**.

Se o tipo de letra predefinido for um tipo de letra não proporcional (largura fixa), como o Courier, 8,43 caracteres de qualquer tipo (números ou letras) cabem numa célula com uma largura de coluna de 8,43, porque todos os caracteres Courier têm a mesma largura. Se a fonte for uma fonte proporcional, Arial, 8,43 inteiros (números como 0, 1, 2, etc.) cabem numa célula

com uma largura de coluna de 8,43. Isto deve-se ao facto de os números serem espaçados na maioria dos tipos de letra proporcionais. No entanto, as letras não são espaçadas com tipos de letra proporcionais, cabem mais caracteres "i" e menos caracteres "w".
Quando substitui a largura de uma coluna por um número fracionário, a largura da coluna pode ser definida para um número diferente, dependendo do tipo de letra utilizado no estilo Normal. Por exemplo, com um tipo de letra Arial no estilo Normal, se tentar alterar a largura de uma coluna para 8,5, a coluna é definida 8,57 ou 65 pixéis. Este comportamento ocorre devido à tradução dos caracteres do tipo de letra em unidades de píxeis. As unidades de píxeis fraccionadas não podem ser apresentadas, pelo que a largura da coluna é arredondada para o número mais próximo, resultando numa unidade de píxeis inteira.

Exemplo de comportamento da largura da coluna

1. Num novo livro de trabalho do Excel, selecione a célula A1.
2. No menu Formatar, aponte para Coluna e, em seguida, clique em Largura.
3. No campo **Largura** da coluna, escreva 10 (75 píxeis de largura) e clique em OK.
4. No menu Formatar, clique em Estilo e verifique se o tipo de letra predefinido está corretamente definido como Arial 10.
5. Na célula A1, escreva 1234567890.

NB: As letras cabem perfeitamente na célula e a largura da coluna é sempre 10 (75 pixéis de largura).

6. No menu Formatar, clique em Estilo.
7. Clique em Modificar.
8. No separador Tipo de letra, substitua o tipo de letra por Courier New e, em seguida, faça duplo clique em OK. Note que o campo Largura da coluna é automaticamente atualizado para suportar o novo tipo de letra e que o número na célula continua a ser adequado, apesar de a largura da coluna continuar a ser 10, mas ter aumentado para 85 pixels de largura.

Comportamento da largura da coluna no Excel 2007

Para definir a largura da coluna no Excel 2007, proceda da seguinte forma :

1. Na primeira coluna, clique em **A** para selecionar a coluna e, em seguida, clique com o botão direito do rato e selecione **Largura da coluna**.
2. Introduza a largura pretendida para a sua coluna.
3. Clique em **OK**.

O comportamento da largura da coluna no Excel 2007 é o mesmo que acima. Se alterar os tipos de letra depois de definir a largura, a largura é ajustada à nova largura dos pixéis do tipo de letra.

VII.6.4. FORMATAÇÃO DE UMA TABELA

O Excel oferece uma série de estilos de tabela predefinidos que podem ser utilizados para formatar uma tabela num piscar de olhos. Se os estilos de tabela predefinidos não forem adequados para si, pode criar e aplicar um estilo de tabela personalizado. Embora só seja possível eliminar estilos de tabela personalizados, é possível remover um estilo de tabela predefinido para deixe de ser aplicado a uma tabela.

	A	B	C	D
1	Produit	Tri 1	Tri 2	Total génér
2	Chocolade	744,60 €	162,56 €	907,16 €
3	Gummibarchen	5 079,60 €	1 249,20 €	6 328,80 €
4	Longbreads écossais	1 267,50 €	1 062,50 €	2 330,00 €
5	Scones Sir Rodney	1 418,00 €	756,00 €	2 174,00 €
6	Tarte au sucre	4 728,00 €	4 547,92 €	9 275,92 €
7	Biscuits au chocolat	943,89 €	349,60 €	1 293,49 €
8	Total	14 181,59 €	8 127,78 €	22 309,37 €

Também pode ajustar a disposição da tabela selecionando as opções de estilo rápido correspondentes aos elementos da tabela, por exemplo, **Linha de cabeçalho**, **Linha de total**, **Primeira coluna**, **Última coluna**, **Linhas** e **colunas às riscas** ou **Botão de filtro.**

VII.6.5. ESCOLHA DO ESTILO

ESCOLHER UM ESTILO DE MESA

Se um intervalo de dados não estiver formatado como uma tabela, o Excel converte-o automaticamente para uma tabela quando seleciona um estilo de tabela. Também é possível alterar o layout de uma tabela existente selecionando outro layout.

1. Selecione a célula da tabela ou o intervalo de células ao qual pretende aplicar a formatação da tabela.

2. No separador **Página inicial**, clique em **Colocar em formato de tabela**.

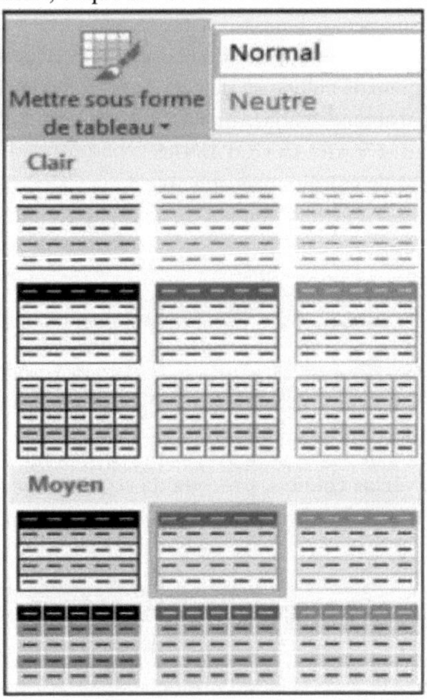

Nota:

• **Pré-visualização automática**: O Excel formata automaticamente a tabela ou o intervalo de dados com o estilo de pré-visualização que selecionar, mas só aplica esse estilo se premir Enter ou clicar no rato para confirmar a sua escolha. É possível navegar pelos layouts de tabela usando o mouse ou as teclas de seta do teclado.

• Quando utiliza a opção **Definir como tabela**, o Excel converte automaticamente o seu intervalo de dados numa tabela. Se já não pretender manipular os dados numa tabela, pode voltar a convertê-los num intervalo tradicional, mantendo a formatação que aplicou.

VII.6.6. ALINHAMENTO D NAS CÉLULAS

Se pretender realinhar o texto de uma célula para melhorar a apresentação visual dos seus dados, eis como o fazer:

1. Selecione as células que contêm o texto que pretende alinhar.
2. No separador **Página inicial**, escolha uma das seguintes opções de alinhamento:

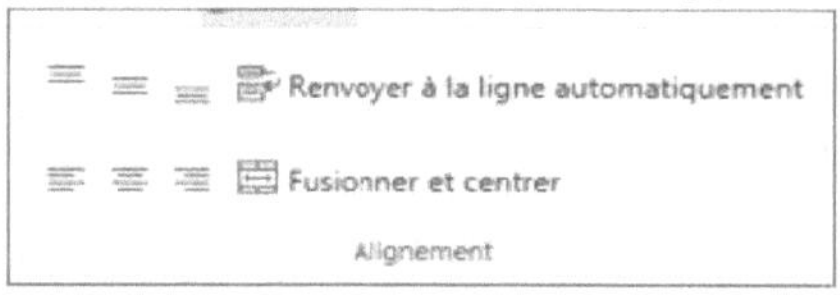

3. **Para alinhar o texto verticalmente, selecione Alinhar topo , Alinhar centro ou Alinhar fundo** .
4. Para alinhar o texto horizontalmente, selecione **Alinhar texto à esquerda , centrar** ou alinhar texto à direita .
5. Quando uma longa linha de texto, parte do texto pode não ser visível. Para resolver este problema sem alterar a largura da coluna, clique em Regressar à **linha automaticamente**.
6. Para centrar o texto que abrange várias colunas ou linhas, clique em **fundir e centrar**.

VII.6.7. CENTRAGEM EM VÁRIAS COLUNAS

É possível tornar uma folha de cálculo mais atractiva e mais fácil de ler centrando o texto em várias colunas. Muitas vezes, isto é feito fundindo e centrando as células fundidas, mas esta não é a única opção.

	A	B	C	D	E
1				*OfficeToolTips*	
2					
3	**N**	**Produit**	**Titre**	**Description**	**Catégorie**
4	1	Word	Insérer rapidement la date et l'heure actuelles	Si vous souhaitez saisir la date actuelle, vous pouvez utiliser un raccourcis clavier dans Microsoft Word :	Raccourcis

Para centrar o texto em várias colunas, proceda da seguinte forma :

1. Selecione um intervalo constituído pelo texto e pelas células que pretende centrar este texto :

	A	B	C	D	E
1	*OfficeToolTips*				
2					
3	**N**	**Produit**	**Titre**	**Description**	**Catégorie**
4	1	Word	Insérer rapidement la date et l'heure actuelles	Si vous souhaitez saisir la date actuelle, vous pouvez utiliser un raccourcis clavier dans Microsoft Word :	Raccourcis

2. No separador **Página inicial**, no grupo **Alinhamento**, clique na seta do iniciador para o caixa de diálogo :

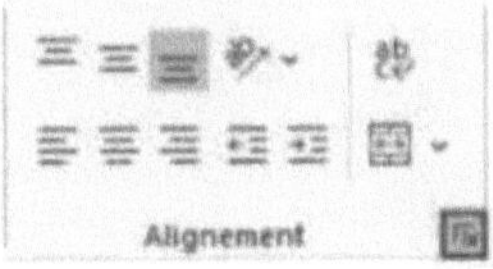

OU

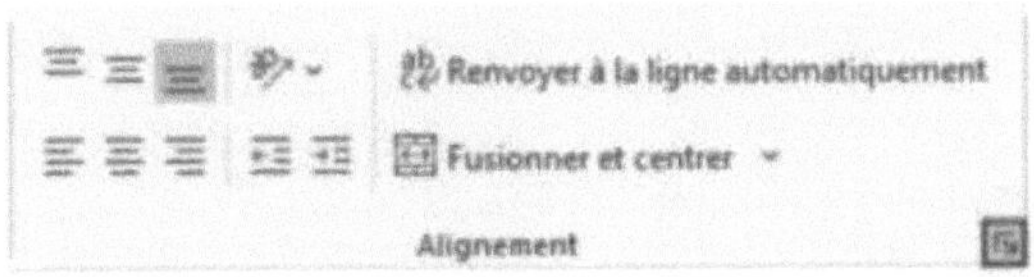

3. Na caixa de diálogo **Formatar célula**, no separador **Alinhamento**, clique na lista **Horizontal**, depois selecionar **Centrado em várias colunas** :

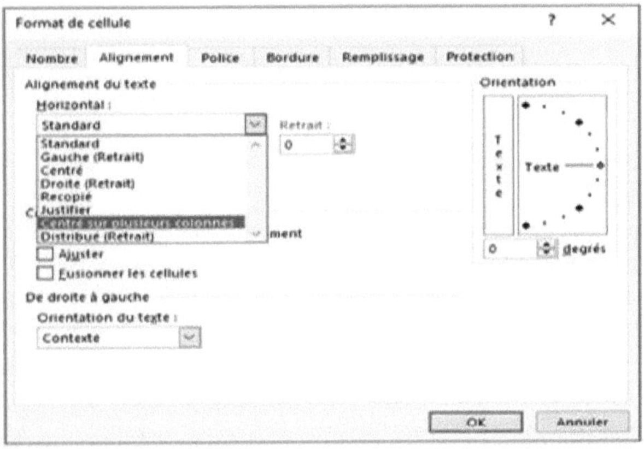

4. Clique em **OK**.

VII.6.8. FORMATAÇÃO DO TEXTO

A formatação de texto ou números pode torná-los mais visíveis, especialmente quando se tem uma folha de cálculo grande. A alteração dos formatos predefinidos inclui coisas como alterar a cor do tipo de letra, o estilo, o tamanho, o alinhamento do texto numa célula ou aplicar efeitos de formatação.

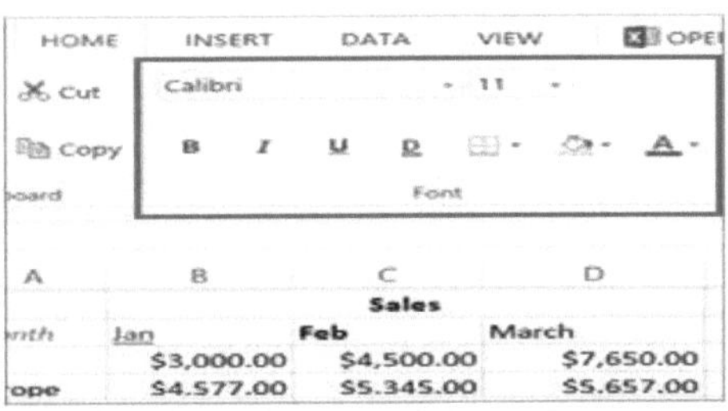

Se pretender que o texto ou os números de uma célula apareçam em negrito, itálico, sublinhado simples ou duplo, selecione a célula e, no **separador Página inicial,** escolha o formato pretendido:

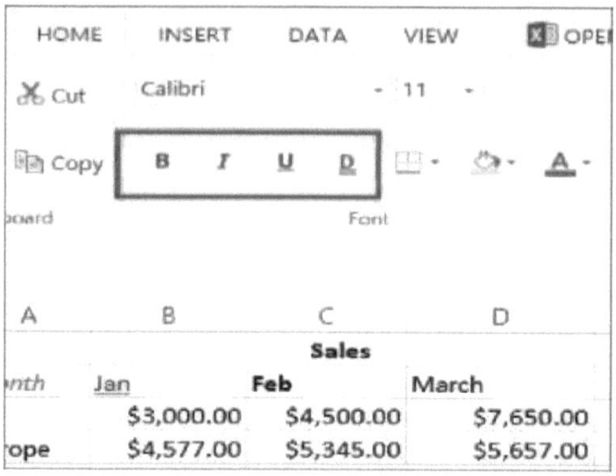

1. **Alterar o estilo, tamanho e cor do tipo de letra ou aplicar efeitos**

Clique em **Início** e:

-1- Para obter um estilo de letra diferente, clique na seta junto ao tipo de letra **Calibri predefinido** e selecione o estilo pretendido.

-2- Para aumentar ou diminuir o tamanho do tipo de letra, clique na seta junto ao tamanho predefinido 11 e selecione outro tamanho de texto.

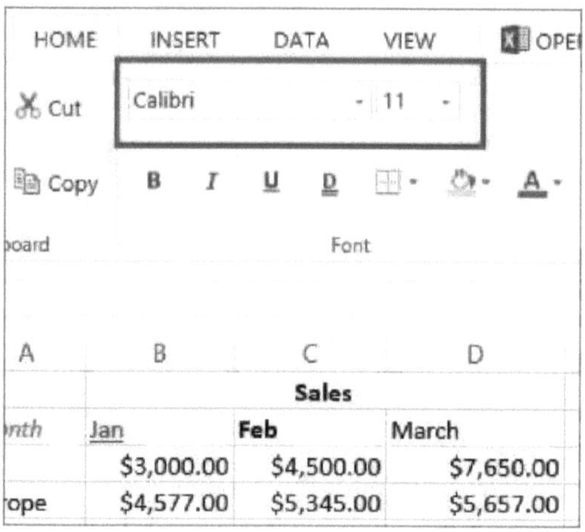

-3- Para alterar a cor do tipo de letra, clique **em Cor do tipo de letra** e selecione uma cor.

-4- Para adicionar uma cor de fundo, clique em **Cor de preenchimento** junto à **cor** do tipo de letra.

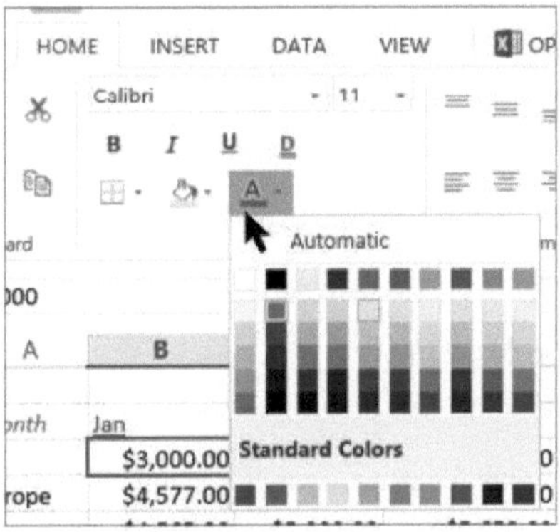

-5- Para aplicar a formatação de riscado, sobrescrito ou subscrito, clique na caixa de diálogo Iniciador e selecione uma opção em **Efeitos**.

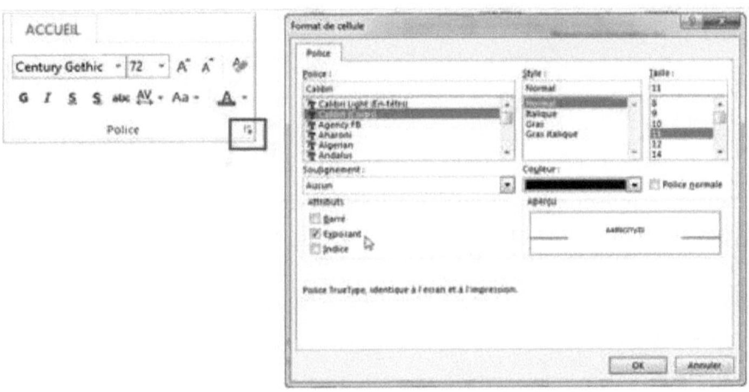

2. **Alterar o alinhamento do texto**

Pode posicionar o texto numa célula de modo que fique centrado, alinhado à esquerda ou alinhado à direita. Se se tratar de uma longa linha de texto, pode **aplicar a função de quebra de texto** para que todo o texto fique visível.

Selecione o texto que pretende alinhar e, no separador **Página inicial,** escolha opção de alinhamento pretendida.

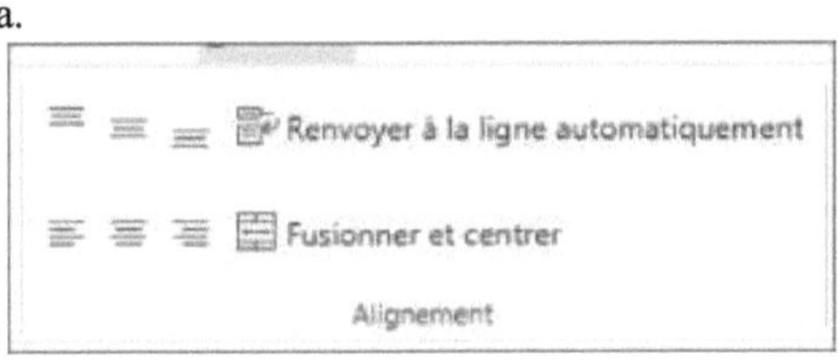

3. **Eliminar a formatação**

> Se mudar ideias depois de aplicar qualquer formatação, para a desfazer, selecione o texto e, no **separador Página inicial,** clique em **Limpar** .

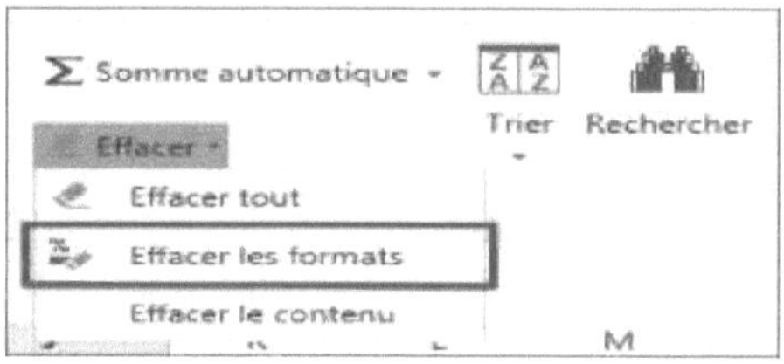

VII.6.9.APLICAÇÃO DOS MOTIVOS

No Excel, todos nós conhecemos a função básica para aplicar uma cor de fundo a uma ou mais células do Excel.

Isto é representado pelo seguinte ícone no separador Página inicial e posicionado na secção Tipo de letra.

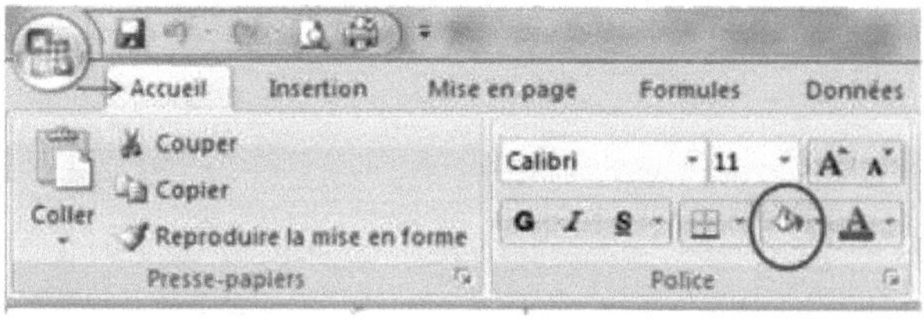

Para personalizar um pouco mais as nossas células, podemos também aplicar-lhes um padrão, e veremos como aqui.

Se tentar percorrer o ícone Cor de preenchimento acima, pode ver que, mesmo quando clica na seta pendente e seleciona Outras cores, quer nos separadores Padrão ou Personalizado, não consegue escolher um padrão.

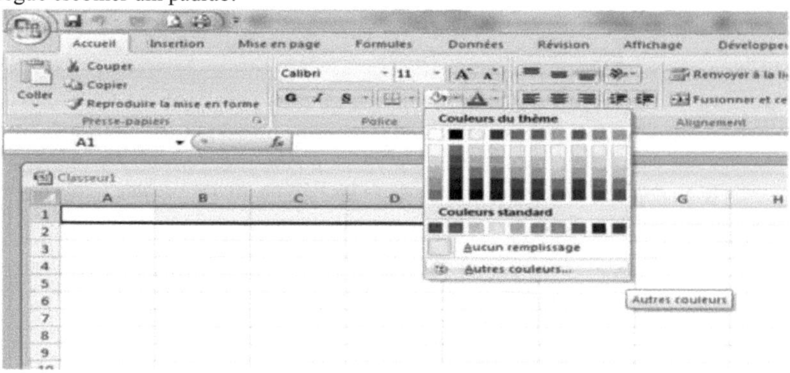

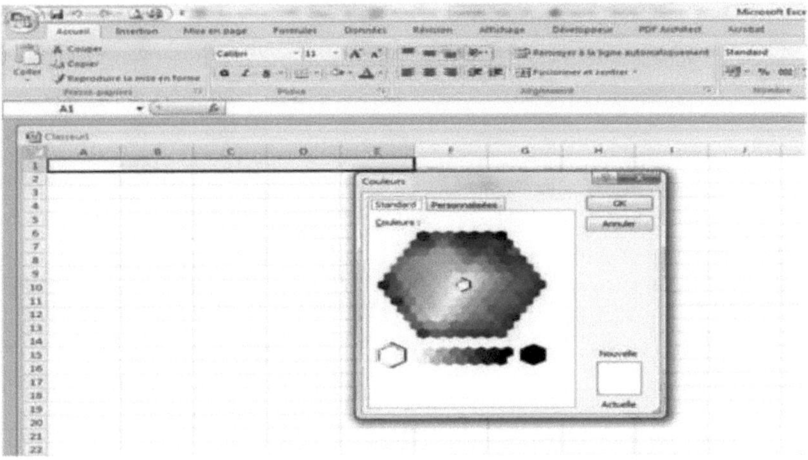

Para aplicar um padrão à sua célula, terá de utilizar as funções "ocultas" do Excel.

Para tal, na secção **Tipo de letra**, ainda no separador **Página inicial,** pode ver um pequeno ícone no canto inferior direito desta secção, representado por uma pequena seta num "meio quadrado".

Ao clicar neste ícone, pode aceder a todas as funções desta secção, que dizem respeito a todos os formatos de células.

Sugestão: para poupar tempo, pode também aceder-lhe através do atalho :

Ctrl + Shift + F.

VII.6.10. APRESENTAÇÃO E IMPRESSÃO

O Excel imprimir o seu documento e adicionar à sua apresentação. Pode adicionar um cabeçalho ou rodapé, alterar as margens, adicionar ou omitir linhas do livro de trabalho e muito mais.

DISPOSIÇÃO DAS PÁGINAS

As opções de apresentação da página destinam-se a melhorar a apresentação do livro de trabalho no papel. Pode alterar as margens das folhas, a apresentação dos títulos e muitas outras opções, que serão descritas mais adiante.

1. No menu **Ficheiro**, selecione a opção **Configurar página**.

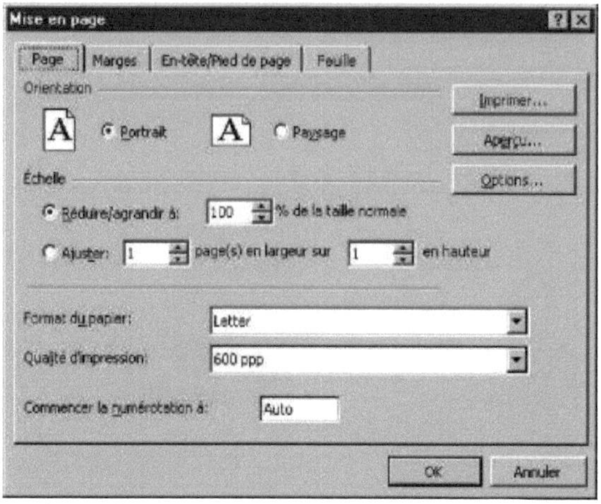

2. No separador página, existem opções para apresentar o livro de trabalho em papel. No primeiro bloco, o Excel pede-lhe a orientação das páginas a imprimir. O segundo bloco pergunta-lhe em que escala deve imprimir o seu livro de trabalho. Isto torna-se importante quando uma das colunas do documento é impressa na página seguinte, em vez da página pretendida. Pode alterar a escala manualmente para reduzir ou aumentar a escala do texto. Também pode pedir ao Excel para encontrar automaticamente a escala correta para introduzir o documento com X páginas de largura e Y páginas de altura. Pode ver a pré-visualização da impressão em qualquer altura. Também pode alterar o tipo de papel (carta, legal, tabloide, etc.) e a qualidade de impressão. Para imprimir em de informática, certifique-se de que o tamanho do papel é sempre "US Letter". A última opção permite-lhe escolher o número de página em que a impressão será iniciada. Por exemplo, a primeira página da sua impressão pode ser numerada como página 5 e assim sucessivamente.

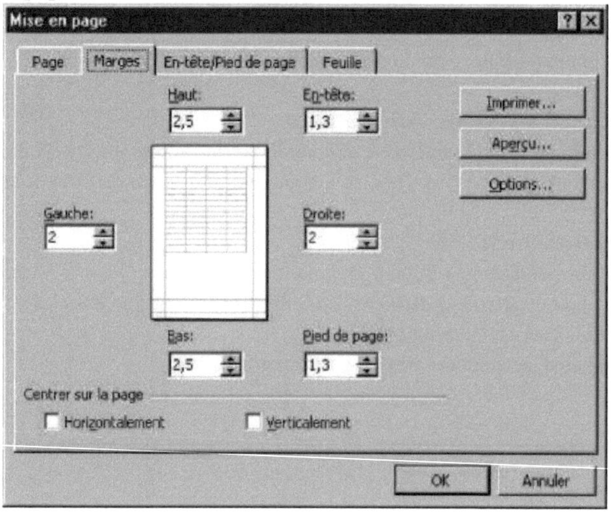

3. No separador Margens, pode definir as margens para o livro de trabalho e para o cabeçalho

e rodapé. Também pode optar por centrar a folha de trabalho horizontal e verticalmente na página. Também pode determinar a localização do cabeçalho e do rodapé do documento. A pré-visualização no meio da janela dá-lhe uma ideia do efeito destas escolhas no papel.

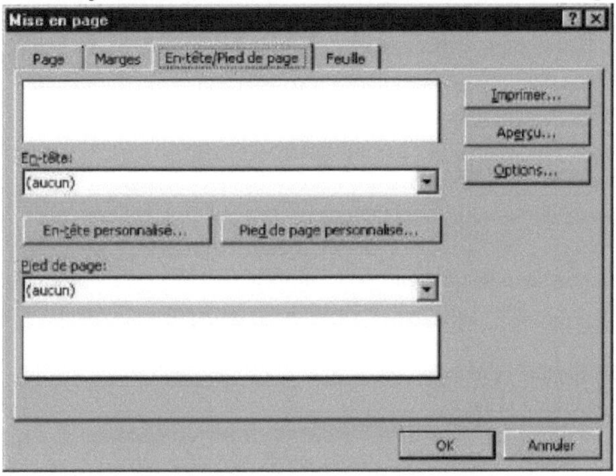

4. No separador Cabeçalho/Rodapé, determina o que será apresentado no cabeçalho e no rodapé de cada página da impressão. Se não pretender um cabeçalho ou rodapé, selecione a opção "(nenhum)", que é a primeira na lista de itens pré-determinados.

PERSONALIZAR O CABEÇALHO E O RODAPÉ.

5. Prima o botão Personalizar cabeçalho.

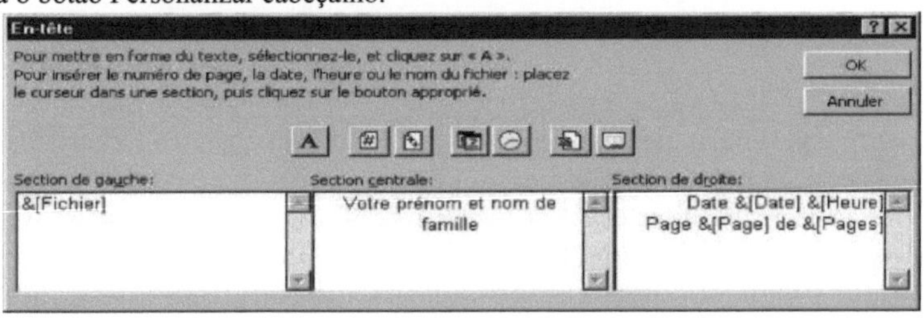

As opções para personalizar o cabeçalho aquando da impressão são apresentadas acima. Existem as mesmas opções para o rodapé. A parte superior da janela tem uma série de botões com as opções mais frequentemente utilizadas. A secção inferior está dividida em três caixas. A caixa da esquerda contém o texto que será colado na margem esquerda da página. A caixa do meio contém o texto que será colado no meio do cabeçalho e assim por diante.

a. Prima o botão _ para inserir o nome do ficheiro.
b. Clique na caixa do meio.
c. Escreva o seu **primeiro** e **último nome**.
d. Clique na caixa à direita.
e. Escrever: **Data:** e premir a tecla et
f. Prima Enter.

g. **Página de** escrita e prima o botão .

h. Escrever **de** e premir o botão 

i. Premir o botão **OK**.

j. Premir o botão **Pré-visualização**

k. Prima o botão de zoom para ver o cabeçalho mais claramente.

O resultado deve ser o seguinte.

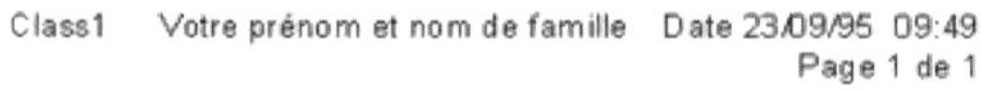

Classi O seu primeiro e último nome Date23fl9/95 09:49

Página 1 de 1

Este último exercício demonstrou que pode utilizar os botões de opção, escrever texto ou combinar os dois para obter um melhor resultado. Também é possível ter várias linhas no cabeçalho.

l. Prima o botão **Fechar** para regressar às opções de apresentação da página.

m. Clique no separador **Folha**.

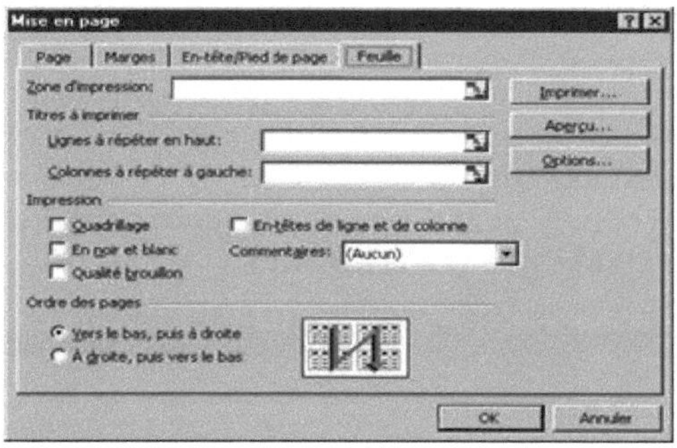

No separador Sheet (Folha), pode especificar o bloco que será impresso na caixa da área de impressão. Pode determinar a parte da folha de cálculo que será impressa. Em vez de imprimir todo o conteúdo uma folha de cálculo, pode optar imprimir apenas parte da mesma.

As caixas de título são muito práticas. Utilizamos frequentemente as primeiras linhas e colunas de uma folha de cálculo para escrever títulos importantes, tais : receitas, despesas, lucro bruto, lucro líquido, uma lista de meses, uma lista de itens ou contas importantes, etc. Mas estes títulos não serão reimpressos na segunda página e nas páginas seguintes, a menos que o Excel seja forçado a fazê-lo. Mas estas rubricas não serão reimpressas na segunda página e nas seguintes, a não ser que se force o Excel a fazê-lo.

Deve indicar quais as linhas e colunas que pretende imprimir em cada página da sua impressão. Tenha cuidado para não colocar estas linhas e colunas na área de impressão. Caso contrário, impressas duas vezes na primeira página da impressão.

CAPÍTULO VIII

PROCESSAMENTO DE DOCUMENTOS DO WORD

VIII.1. OPERAÇÕES SOBRE TABELAS, TIPOS DE LETRA E PARÁGRAFOS

VIII.1.1. ALTERAÇÃO DA POLÍTICA

Quando cria um novo documento em branco no Word, qualquer texto que escreva aparece no tipo de letra predefinido, denominado **Calibri**, com um tamanho de letra de **11** pontos, que é um tamanho padrão para texto em documentos do Word (como cartas ou relatórios).

Se preferir utilizar outro tipo de letra ou tamanho como padrão para os seus documentos, altere-o da seguinte forma :

1. Criar um novo documento vazio.
2. Escreva uma pequena frase de exemplo e, em seguida, selecione-a. Este texto dar-lhe-á uma melhor ideia do tipo de letra:
3. Clique com o botão direito do rato na seleção e escolha **Tipo de letra...** no menu de contexto (ou prima **Ctrl+D**) para abrir a caixa de diálogo **Tipo de letra**:

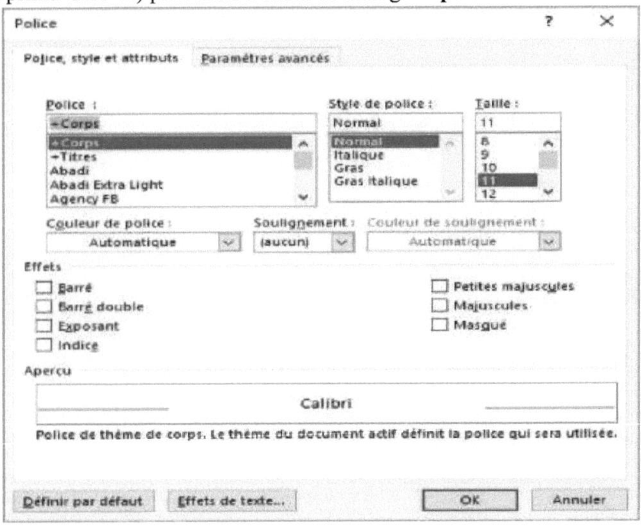

4. Escolha o tipo de letra, o estilo, o tamanho, a cor, o sublinhado e quaisquer outros efeitos. Consulte a área **Pré-visualização** para ver o aspeto do texto de amostra com as suas escolhas.
5. Clique no botão **Definir como predefinição.**

O Word apresenta a caixa de diálogo de confirmação da seguinte forma:

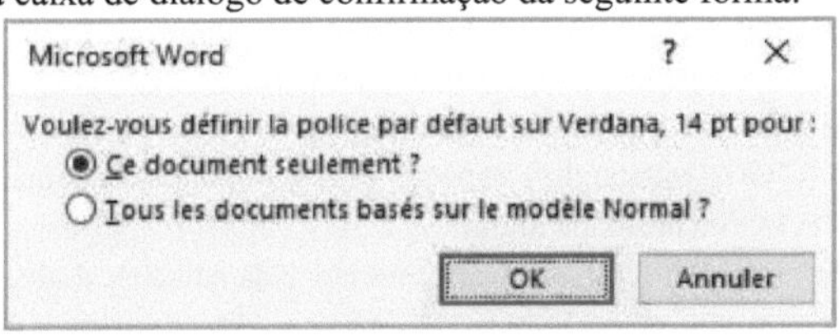

Nota: O Word não modifica documentos que já tenham sido criados.

VIII.1.2. ALTERAR O ESPAÇAMENTO ENTRE CARACTERES

A seleção de **Estendido** ou **Condensado** altera o espaçamento entre todas as letras selecionadas com base num valor comum. O kerning altera o espaçamento entre pares específicos de letras, por vezes diminuindo-o, por vezes aumentando-o, dependendo das letras.

A. Expandir ou condensar o espaço uniformemente entre todos os caracteres selecionados

1. Selecione o texto que pretende alterar.
2. No separador **Página inicial**, clique no iniciador da caixa de diálogo **Tipo de letra** ' ^ (assinalado a verde na captura de ecrã abaixo) e, em seguida, clique no separador **Avançadas** .

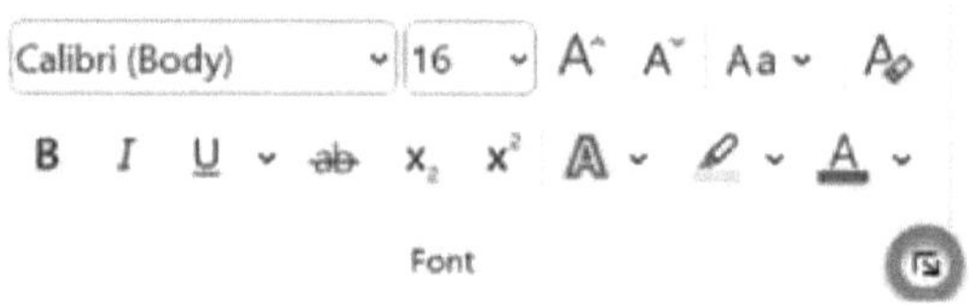

3. Na área **Espaçamento**, clique em **Alargado** ou **Condensado** e, em seguida, especifique a quantidade de espaço que pretende na área **De**.

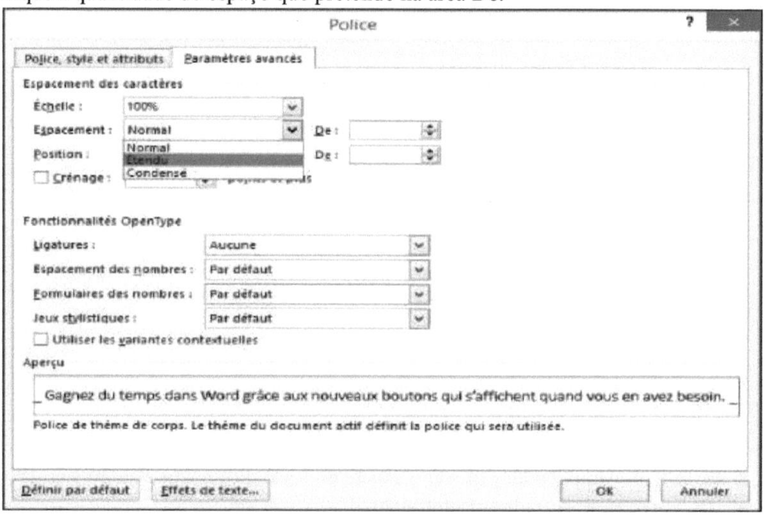

B. Criar caracteres maiores do que um tamanho específico

O kerning refere-se à forma como o espaçamento entre dois caracteres específicos é ajustado. A ideia é obter um melhor resultado reduzindo o espaçamento entre caracteres que se encaixam bem (como o 'A' e o 'V') e aumentando o espaçamento entre caracteres que não se encaixam.

1. Selecione o texto que pretende alterar.
2. No separador **Página inicial**, clique no iniciador da caixa de diálogo **Tipo de letra** ' ^ (assinalado a verde na captura de ecrã abaixo) e, em seguida, clique no separador **Avançadas**.

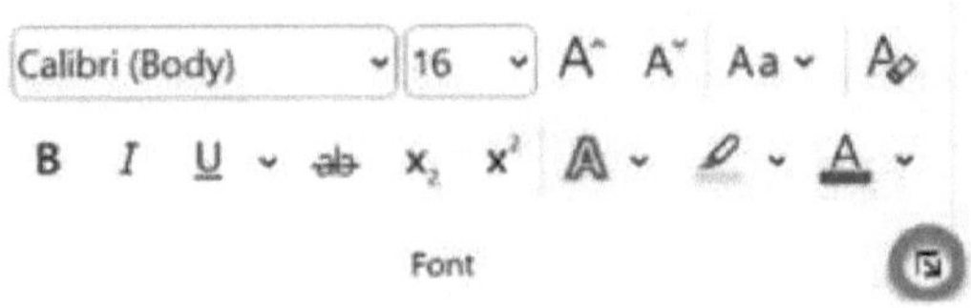

3. Assinale a caixa **Kerning** e, em seguida, introduza o tamanho em pontos no campo **pontos e sobre**.

C. Esticar ou dimensionar o texto horizontalmente

Quando dimensiona o texto, altera as formas dos caracteres numa percentagem definida. Pode dimensionar o texto esticando-o ou comprimindo-o.

1. Selecione o texto que pretende esticar ou comprimir.
2. No separador **Página inicial**, clique no iniciador da caixa de diálogo **Tipo de letra** ' ^ (assinalado a verde na imagem abaixo) e, em seguida, clique no separador **Avançadas**.

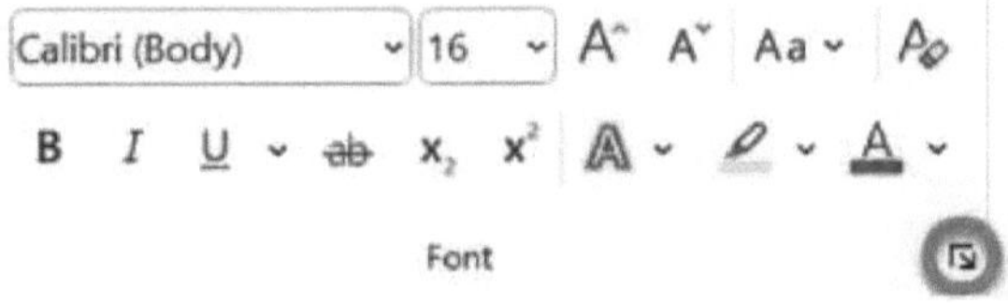

3. Na caixa **Escala**, introduza a percentagem pretendida.

O texto é esticado com percentagens superiores a 100%. O texto é comprimido com percentagens inferiores a 100%.

D. Alterar o espaçamento entre linhas

A melhor forma de aumentar ou diminuir a quantidade de espaço vertical entre linhas de texto num parágrafo é alterar o estilo utilizado pelo parágrafo.

1. Localize o estilo que está a utilizar na galeria **Estilos**, no separador **Página inicial**.
2. Clique com o botão direito do rato no estilo a ser modificado e selecione **Modificar**.

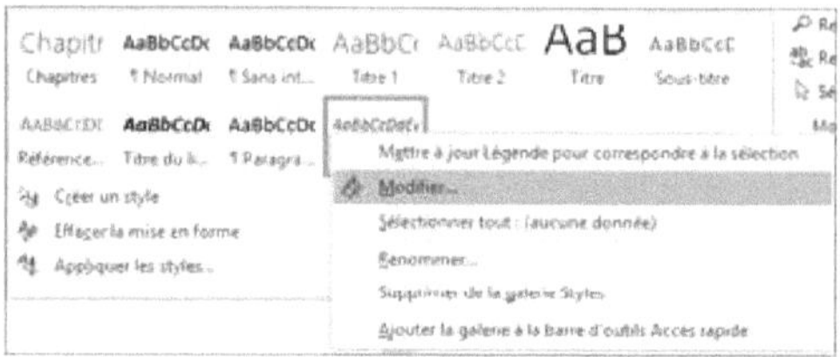

3. Perto do centro da caixa de diálogo encontram-se os botões de espaçamento entre linhas, que lhe permitem selecionar o espaçamento entre linhas simples, 1,5x ou duplo. Selecione o espaçamento que pretende aplicar e clique em **OK**.

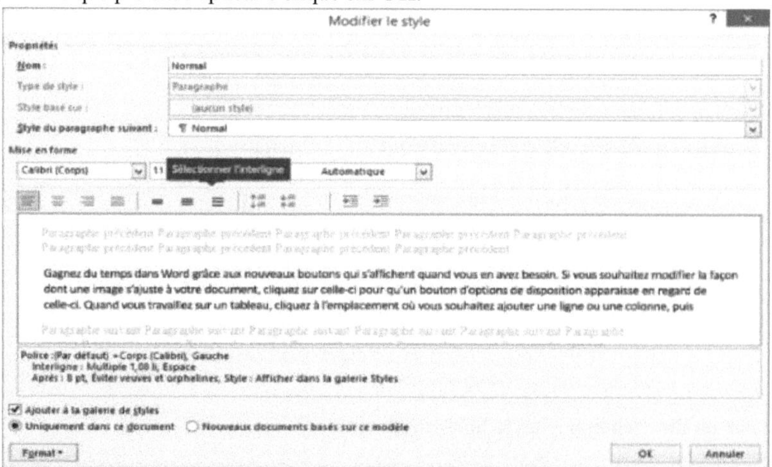

Se pretender aplicar um espaçamento entre linhas mais específico ao estilo, clique no botão **Formatar**, no canto inferior esquerdo da caixa de diálogo **Editar estilo**, e selecione **Parágrafo**. A lista pendente **Espaçamento entre** linhas permite-lhe selecionar ou definir um espaçamento entre linhas mais específico.

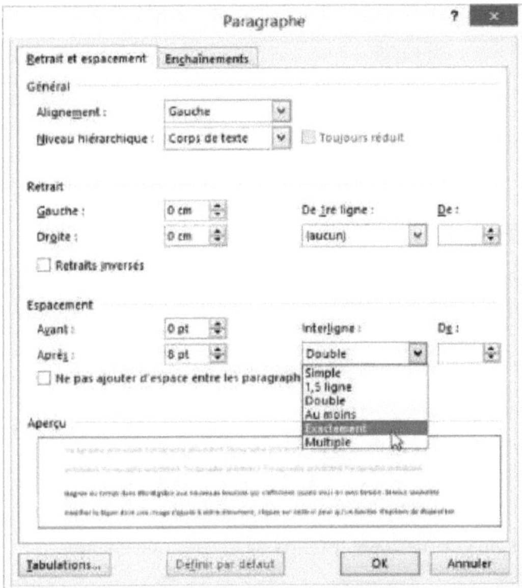

VIII.1.3. RECUOS, ESPAÇAMENTO E ESPAÇAMENTO ENTRE LINHAS

No separador Página inicial, selecione **Espaçamento entre** linhas e parágrafos > Opções **de espaçamento entre linhas**. É aberta a caixa de diálogo Parágrafo. No separador **Recuos** e **espaçamento**, selecione as opções pretendidas e, em seguida, clique em OK.

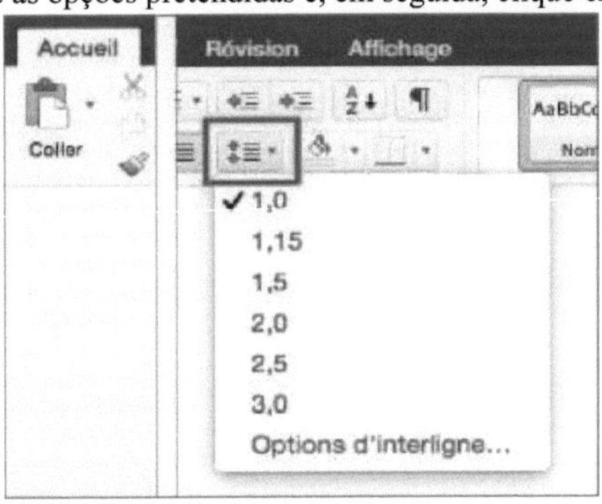

VIII.2. INSERÇÃO DE UMA PÁGINA DE ROSTO

A página de rosto reflecte a imagem e o conteúdo de um documento e convida o leitor a entrar. Com o Word 2010, pode adicionar facilmente páginas de rosto predefinidas aos seus documentos.

1. Abra o separador **Inserções** da Faixa de Opções.

2. Na secção **Páginas**, clique em **Página de rosto**.

3. Clique numa página de rosto predefinida na galeria que aparece.

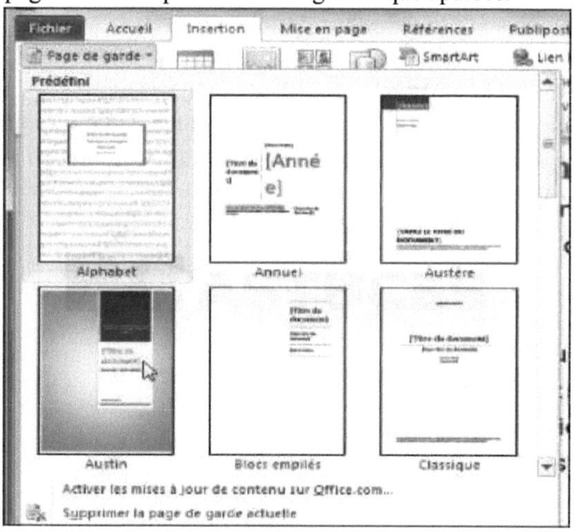

4. Clique nos vários elementos da página de rosto (título, data, etc.) para os remover. personalizar.

VIII.3. INSERIR TEXTO NUM TEXTO DE UM DOCUMENTO EXISTENTE

Para inserir um documento do Word noutro documento do Word, siga os passos abaixo.

1. Primeiro, abra o documento que será utilizado para suportar o ficheiro existente.
2. Certifique-se de que o cursor se encontra no local para onde vai o ficheiro.
3. Vá a "Inserir > Texto > Objeto > Texto de um ficheiro".

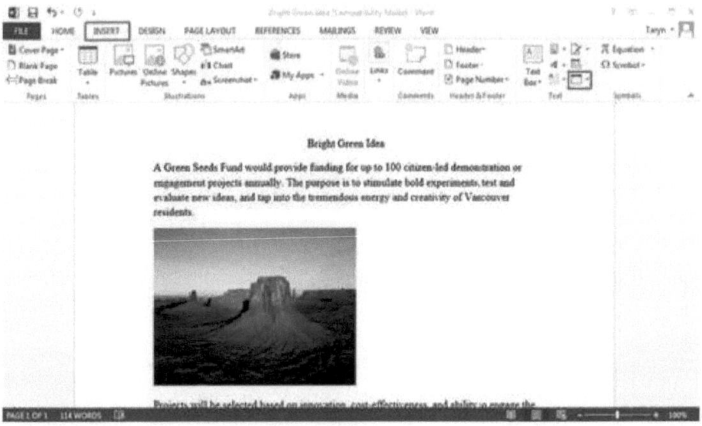

1. Localize e selecione o ficheiro que pretende inserir.
2. Em seguida, faça duplo clique no ficheiro para importar o seu ficheiro.

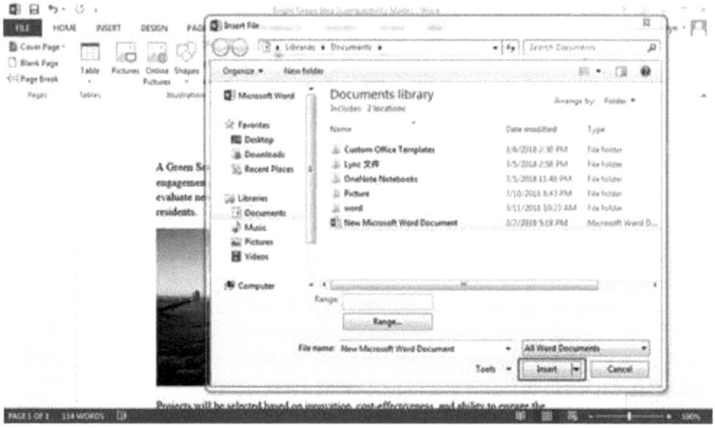

É importante notar que alguns dos passos destacados para inserir um documento Word noutro documento Word podem variar dependendo da versão do Word que está a utilizar.
No entanto, são praticamente os mesmos, com apenas algumas pequenas variações, especialmente para as novas versões do Word, mas não há nada com que se preocupar.

VIII.4. INSERÇÃO DE UMA QUEBRA DE PÁGINA

1. Coloque **o cursor** no ponto exato onde pretende inserir a quebra de página.

2. Clique no separador **Configurar Página** (ou no separador Layout nas versões do Word plus).
Anciennes).

3. Clique em **Quebra de página** (ou Quebra em versões mais antigas do Word) ;

4. Clique em **Página** ;

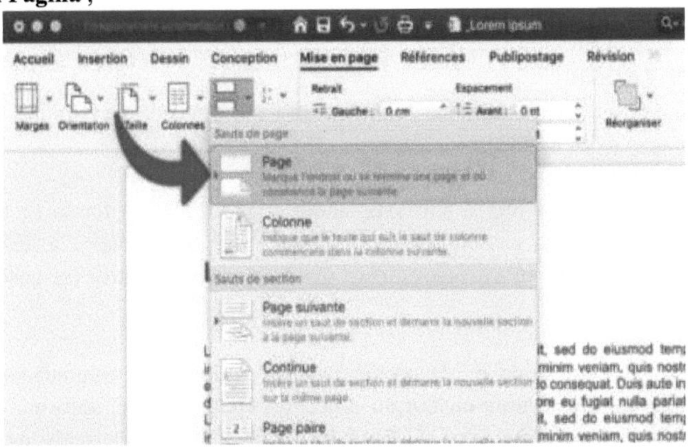

Pretende eliminar uma quebra de página? Não há problema. Primeiro, clique no separador **Página inicial** e, em seguida, no botão **Mostrar marcas de formatação**. Isto faz aparecer as quebras de página, entre outras. Selecione a que pretende eliminar e prima a tecla **Delete** no teclado.

VIII.5. INSERIR UMA LINHA UTILIZANDO O MENU DE CONTEXTO

Em alternativa, pode utilizar o menu de contexto (acessível clicando com o botão direito do rato), depois de selecionar uma linha na tabela. Escolha a opção Inserir linhas para adicionar uma linha entre a que foi selecionada e a que está acima dela.

CAPÍTULO IX

DEFINIÇÃO DE CONCEITOS BÁSICOS DE INFORMÁTICA

IX.1. DADOS

Representação convencional da informação para processamento automático.

IX.2. INFORMAÇÕES

[12]Em informática e telecomunicações, a informação é um elemento de conhecimento (voz, dados, imagem) que pode ser armazenado, processado ou transmitido através de um meio normalizado e de um método de codificação .

IX.3. TRATAMENTO AUTOMÁTICO

[13]Uma série de operações efectuadas em dados por um computador para recuperar, transformar ou classificar informações.

IX.4. COMPUTADOR

Máquina automática de processamento de informação, que obedece a programas formados por sequências de operações aritméticas e lógicas.

IX.5. PROGRAMA :

Uma lista instruções que dizem a um computador o que fazer. [14]a forma de uma ou mais sequências de instruções, incluindo frequentemente dados de base, a executar numa determinada ordem por um processador ou por um processo informático (no caso de sistemas multitarefa) .

IX.6. SOFTWARE

[15]Uma **aplicação** é um conjunto de programas que permite um computador ou sistema informático executar uma tarefa ou função específica (por exemplo, software de gestão de relações com clientes, software de produção, software de contabilidade, software de gestão de empréstimos).

IX.7. LINGUAGEM INFORMÁTICA

Uma linguagem concebida para descrever o conjunto de acções consecutivas que um computador deve realizar. [16]Uma linguagem informática é, portanto, uma forma prática de darmos instruções a um computador.

IX.8. MICROINFORMÁTICA

[17]Tecnologia informática relativa ao fabrico e utilização de microcomputadores .

IX.9. VÍRUS INFORMÁTICOS

[18]Um vírus é um programa de computador malicioso concebido para perturbar o funcionamento normal de um sistema informático sem o conhecimento do proprietário .

IX.10. ANTIVÍRUS INFORMÁTICO

[19]Um antivírus é um programa de computador concebido para identificar e eliminar software malicioso (*malware*), também conhecido como vírus, cavalos de Troia ou worms, consoante a forma .

---

[12] https://www.toupie.org/Dictionnaire/Information.htm , consultado em 27/09/2023 às 00:27

[13] https://langue-francaise.tv5monde.com, consultado em 27/09/2023 às 00:28.

[14] https://www.techno-science.net, consultado em 27/09/2023 às 00:34.

[15] Idem, consultado em 27/09/2023 às 00:37.

[16] https://web.maths.unsw.edu.au, consultado em 27/09/2023 às 00:40

[17]Ibidem, consultado em 27/09/2023 às 00:43.

[18] https://www.cybermalveillance.gouv.fr, consultado em 27/09/2023 às 00:45'.

[19] https://www.futura-sciences.com, consultado em 27/09/2023 às 00:49

IX.11. FICHEIROS

[20]Um conjunto organizado de informações, designado por um nome preciso, que o sistema operativo de um computador manipula como uma entidade única, na sua memória ou num suporte de armazenamento .

---

[20] https://www.larousse.fr, consultado em 27/09/2023 às 00:51.

CAPÍTULO X

COMPUTADOR

X.1.TIPOS DE COMPUTADOR

Os computadores estão a tornar-se uma parte cada vez mais essencial da nossa vida quotidiana. Facilitam a vida às empresas e aos indivíduos em todos os domínios.

No entanto, o facto de existirem tantos modelos diferentes cria uma grande confusão no espírito dos consumidores. Na maioria das vezes, é difícil decidir qual o tipo mais adequado às suas necessidades e utilização. Neste artigo, damos uma vista de olhos aos diferentes computadores disponíveis no mercado.

A. COMPUTADORES DE SECRETÁRIA

Os chamados computadores de secretária são concebidos para serem utilizados no local. O seu peso elevado impede o seu transporte fácil e permanente. Além disso, são alimentados por eletricidade.

Por conseguinte, devem ser instalados perto uma tomada eléctrica num suporte de madeira ou de metal em casa, no escritório, etc. Constituídos por uma caixa, microprocessador, placa-mãe, memória de processamento, etc., são concebidos exclusivamente para uso doméstico ou comercial. Outras caraterísticas importantes dos computadores de secretária são :

- a ecrã;
- a teclado ;
- Com um rato;
- a interno ;
- A altifalante...

B. LAPTOPS

A tónica é colocada no carácter prático. Como o próprio nome indica, um computador portátil permite que o utilizador o leve para qualquer lugar. Seja no escritório, na praia, no cinema ou em casa, funciona perfeitamente e pode ser utilizado para uma multiplicidade de tarefas. Além disso, os computadores portáteis são concebidos para todos os tipos de utilizadores: estudantes, empregados, professores, etc., podem utilizá-los eficazmente. Está repleto de caraterísticas de alto desempenho, incluindo :

- Um ecrã ;
- **Rato** e teclado integrados,
- Uma Web Cam, etc.

Além disso, o computador portátil é muito leve e fácil de transportar.

C. COMPUTADORES GAMER[20]

É uma ferramenta informática desenvolvida para satisfazer os desejos dos amantes dos jogos de computador. Tem a reputação de ser um computador muito potente e duradouro. Trata-se de uma espécie de computador fixo, completo com teclado, placa-mãe, rato ergonómico, pedais, etc. O gamer é uma ferramenta muito importante, porque o jogo regular num computador convencional pode danificá-lo e encurtar a sua vida útil.

Para facilitar a utilização e a longevidade, cada tipo de computador deve ser escolhido tendo em conta as necessidades do consumidor.

X.2. ESTRUTURA E FUNCIONAMENTO DE UM SISTEMA INFORMÁTICO DE BASE

O termo "computador" significava originalmente uma calculadora eletrónica digital. Atualmente, o termo francês "Ordinateur" parece mais adequado, afastando-se da conotação digital. O computador é atualmente definido como uma máquina de processamento de informação.

Um computador é capaz de adquirir e armazenar informações, de as processar e de recuperar as informações armazenadas.

A) Definição: Sistema informático

[20] Idem, consultado em 27/09/2023 às 01:05.

Um sistema informático é o conjunto de recursos de software e hardware necessários para satisfazer as necessidades informáticas do utilizador.

B) Diagrama geral de um sistema informático

À primeira vista, um computador é composto por :

- um subcontratante que efectua o tratamento ;
- uma memória central onde o processador armazena os dados e os resultados destes tratamentos ;
- periféricos troca de informações com o mundo exterior.

Todos estes componentes estão ligados entre si por barramentos, que são as artérias centrais e lhes permitem trocar dados.

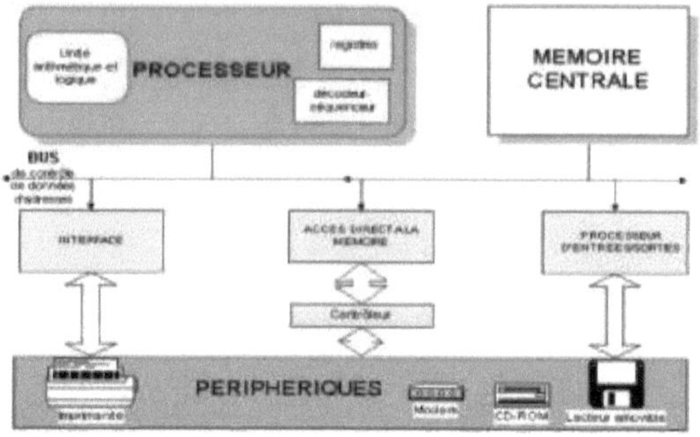

X.3. PARTES DO COMPUTADOR

X.3.1. HARDWARE

DEFINIÇÃO

O hardware é a parte material de um computador. É constituído por todos os componentes de hardware, ou seja, as partes visíveis de um computador. Estes componentes podem ser internos ou externos à CPU. Os componentes externos incluem o ecrã, o teclado e o rato. Os componentes internos incluem o disco rígido.

Etimologia de hardware

Hardware é um anglicismo, uma combinação de "**hard**" e "ware". O termo é atestado em meados do século XVI, significando material metálico. No sentido da parte de hardware de um computador, é atestado a partir de 1947.(1)

Composição do hardware

O hardware de um computador é constituído por componentes visíveis e invisíveis. Os componentes visíveis são dispositivos visíveis, como a unidade central de processamento e os periféricos. Os componentes invisíveis são os que se encontram no interior da unidade central de processamento, como a placa-mãe, o microprocessador, a memória, a placa gráfica, a placa de som e os suportes de armazenamento (disco rígido, unidade de disquetes, unidades/gravadores de CD-ROM/DVD-ROM).

O hardware é geralmente composto pelos seguintes elementos:

1. uma unidade principal (a caixa e o seu conteúdo)
2. um monitor ou ecrã
3. um teclado
4. um rato
5. interfaces de entrada-saída
6. periféricos externos (impressoras, scanners, etc.)
7. periféricos internos (placas de som e de vídeo, etc.)
8. vários leitores, várias placas de expansão, etc.

X.3.2. SOFTWARE

Software é o termo utilizado para designar a parte imaterial, inteligente e virtual da sua máquina. Em francês, o termo significa simplesmente software, ou ainda aplicação ou programa.

O software representa o conjunto dos códigos informáticos e dos programas essenciais instalados no seu PC, que contribuem para o seu bom funcionamento. De facto, é graças ao programa que ele pode realizar uma tarefa digital. Por exemplo, existe um software concebido

para serviços como a gestão, que permite elaborar orçamentos e facturas num formato específico, um software de contabilidade, um software que permite controlar a produção e consultar o nível de stocks de empresa e um software que permite proteger os seus dados confidenciais.
O software é caracterizado por uma sequência de instruções a serem interpretadas e executadas pelo seu PC. O software pode ser classificado em várias categorias:

- Software de sistema, mais conhecido como sistemas operativos, como o Windows ou o Linux
- O de aplicação
- Software de programação

X.4. FUNCIONAMENTO DE UM MICROCOMPUTADOR

X.4.1. CONCEITO DE BASE

1) **Estrutura do material Estrutura interna** :

- placa-mãe
- processador

Placas de expansão RAM (placa de som, placa gráfica, modem interno, placa de rede).

2) **Estrutura externa :**

- leitores de cartões de memória (USB, MS, CompactFlash, SmartMedia, MMC/SD, etc.)
- rato
- teclado
- ecrã (monitor)
- leitor de DVD combinado (impressora, fotocopiadora, scanner)
- Modem ADSL .

3) Como funciona PC = fornecedor de dados digitais
Dados analógicos (texto, som, imagens) 0 dados digitais (bits = sinal com uma sucessão de 0s e 1s que formam um byte numa sequência de 8)

- 1 KB (Kilobyte = 103 bytes)
- 1 MB (Megabyte = 106 bytes)
- 1 GB (Gigabyte = 109 bytes)
- 1TB (Terabyte = 1012bytes)
- 1 KB = Kilobyte: 1 mil bytes 0 uma página de texto
- 1 MB = Megabyte: 1 milhão0 um livro de 400 páginas
- 1 = Go Gigabyte: 1 bilião 0 uma estante
- 1 = Para Terabyte: bytes 0 uma biblioteca inteira

A) Processador responsável pelo tratamento dos dados

A sua velocidade de processamento corresponde à frequência de relógio expressa em Gigahertz (GHz). A maior parte dos processadores são fabricados pela Intel (Pentium) e pela AMD (Turion e Athlon). A frequência de relógio determina a velocidade de processamento do computador. Atualmente, é expressa em Gigahertz (GHz): quanto mais elevada for a frequência de relógio, mais rápido é o PC. Por exemplo: em 2000, o Pentium 4 foi lançado numa versão de 1400 Mhz; atualmente atinge os 3 Ghz, ou seja, uma frequência duas vezes mais rápida. > > No Windows, a caixa de diálogo "Propriedades do sistema" apresenta o nome do processador e a sua frequência de relógio: Clique em Iniciar Painel de controlo Sistema.

B) Placa-mãe

Todos os componentes estão ligados a ela (processador, placas de expansão, RAM) A placa-mãe é uma grande placa de circuitos impressos na qual está montado um grande número de chips electrónicos, tomadas e outros circuitos. Todos os componentes electrónicos estão ligados a esta placa: o processador, as placas de expansão (placa de som, placa gráfica, modem interno, placa de rede) e a memória RAM.

C) Memória de acesso aleatório ou RAM

Armazena a informação que está a ser utilizada pelo computador (memória temporária) A sua quantidade de memória em MB ou GB A sua velocidade em Mhz deve ser compatível com a placa-mãe A RAM ou memória de acesso aleatório é utilizada para armazenar temporariamente a informação utilizada pelo computador quando este está a funcionar. utilizada. Graças à RAM, o processador faz o seu trabalho de forma muito mais rápida e eficiente, porque a cache melhora a transmissão de dados entre o processador e a memória RAM.

D) **Disco rígido** (armazena e lê informações) ;

E) Periféricos Rato (com fios ou infravermelhos)

F) Teclado

G) Monitor (ecrã plano)

X.4.2. TIPOS DE PROGRAMAS

Existem muitos programas e software que são importantes para a informática. Alguns dos mais conhecidos são os sistemas operativos, como **o Windows** e **o macOS,** as suites de escritório, como **o Microsoft Office** e **o LibreOffice**, os navegadores Web, como **o Google Chrome** e **o Mozilla Firefox**, o software de edição de fotografias, como o Adobe **Photoshop,** o software de edição de vídeo, como o **Adobe Première** e **o Final Cut Pro,** e o software de programação, como o **Java** e **o Python.**

Em conclusão, a informática é uma ciência que mudou radicalmente a nossa vida quotidiana. Baseia-se em matemática discreta e pode armazenar e processar grandes quantidades de informação.

Existem três tipos de software: software de sistema, software de aplicação e software de desenvolvimento.

Por último, os programas e o software mais importantes no domínio da informática incluem os sistemas operativos, as suites de escritório, os navegadores Web, o software de edição de fotografias e o software de programação.

X.5. MANUTENÇÃO PREVENTIVA

X.5.1. FACTORES DE COMPROMETIMENTO DA SAÚDE DO COMPUTADOR

a) Vírus e malware, os riscos informáticos mais comuns

Em constante evolução, os vírus são software programado para causar danos. Podem atacar fisicamente as estações de trabalho ou atuar silenciosamente para obter informações sensíveis.

b) Correio eletrónico fraudulento

Mais insidiosas do que os vírus, uma vez que requerem uma ação humana por parte do utilizador, as ameaças de engenharia social são tentativas de pirataria semelhantes à fraude.

c) Pirataria

Os piratas informáticos obtêm acesso a um sistema intermédio através de uma falha de segurança na rede ou num ou mais postos de trabalho. Estes riscos informáticos são menores, mas as consequências são muito mais graves. Melhores práticas: implementar uma estratégia de palavras-passe complexas e uma firewall de nova geração, bem configurada e actualizada. Recorrer a um prestador de serviços externo para efetuar uma auditoria Pentest (teste de penetração).

d) Espionagem industrial

A espionagem industrial levada cabo por um concorrente ou por um hacker que procura vender informações sensíveis pode ir da corrupção de dados ao roubo de patentes, violando a propriedade intelectual da empresa. Melhores práticas: remover o acesso de antigos utilizadores (ex-funcionários) e criar contas de convidado com direitos restritos para partes externas (prestadores de serviços).

e) Desfalque

A maioria das fraudes informáticas ocorre no local de trabalho e pode ser perpetrada pelos seus próprios empregados. De acordo com a Ernst & Young, entre 2009 e 2011, mais de uma em cada cinco empresas em todo o mundo foi vítima. Neste contexto, os sistemas de deteção de intrusões não são suficientes para o proteger. Melhores práticas: restringir o acesso a ficheiros confidenciais e sensíveis de acordo com os perfis dos utilizadores. Particionar pastas e recursos por serviço, com autenticação. Limitar os direitos de administrador aos gestores (departamento de TI).

f) Perda de informações confidenciais

Pode ocorrer devido a uma avaria do hardware (avaria do servidor) ou a um erro do seu pessoal. Melhor prática: criar um sistema de cópia de segurança eficaz.

g) O erro de tratamento

Mesmo que o erro seja humano, um mau tratamento pode ter consequências graves para a sua empresa. Melhores práticas: dar formação aos empregados sobre a utilização de aplicações e software. Configure pontos de restauro para que uma versão antiga dos ficheiros possa ser recuperada.

X.5.2. PLANO DE MANUTENÇÃO PREVENTIVA

Um plano **de manutenção preventiva** refere-se a todas as acções planeadas para antecipar e reduzir a probabilidade de falha do equipamento: resolução de problemas, substituição ou revisão. O objetivo desta abordagem proactiva é detetar precocemente os sinais de uma futura avaria, de modo a reduzir a necessidade de manutenção corretiva.

A implementação de um **plano de manutenção preventiva** tem um impacto em vários aspectos da sua manutenção: produtividade, rentabilidade e segurança.

Garantir a fiabilidade dos equipamentos pelos quais é responsável faz parte de uma assistência baseada na prevenção de incidentes técnicos. Prevenir ou antecipar futuras falhas de equipamentos assegura a estabilidade da sua organização.

Uma estratégia de manutenção exige um certo rigor para ser pertinente. É necessário compreender o que é, porque é importante e como a implementar.

X.5.3. TIPOS DE MANUTENÇÃO PREVENTIVA

A. MANUTENÇÃO PREVENTIVA SISTEMÁTICA

Consiste escalonar um ciclo de manutenção ao longo de um calendário pré-estabelecido, com base no tempo de vida útil estimado do equipamento, numa data e num período definidos.

B. MANUTENÇÃO PREVENTIVA BASEADA NAS CONDIÇÕES

A manutenção condicional baseia-se em indicadores de monitorização das avarias: de acordo com uma definição precisa dos parâmetros, o facto de se atingir um determinado nível de avaria desencadeia uma intervenção de manutenção.

C. MANUTENÇÃO PREDITIVA

Avalia as probabilidades de riscos futuros de deterioração das instalações com base nos dados transmitidos pelos sensores IoT. Esta informação determina os parâmetros de monitorização, os limiares de alarme com base em valores de referência definidos, a frequência de monitorização e substituição, etc.

CAPÍTULO XI

INTERNET[21]

XI.1. ANTECEDENTES

Os primeiros textos que descrevem as interações sociais que poderiam ser possibilitadas por uma rede de computadores foram uma série de memorandos escritos por J.C.R. Licklider do MIT em agosto de 1962 sobre o seu conceito de "rede galáctica". Licklider imaginou um conjunto de computadores interligados a nível mundial, através dos quais qualquer pessoa poderia aceder rapidamente a dados e programas a partir de qualquer local. Em teoria, o conceito era muito semelhante ao atual Internet. Licklider foi o primeiro chefe do programa de investigação informática da DARPA[4], lançado em outubro de 1962. Durante o seu tempo na DARPA, convenceu os seus sucessores, Ivan Sutherland, Bob Taylor e o investigador do MIT Lawrence G. Roberts, do valor deste conceito de rede informática.

Leonard Kleinrock, do MIT, publicou o primeiro artigo sobre a utilização da comutação de pacotes em julho de 1961 e o primeiro livro sobre o assunto em 1964. Kleinrock convenceu Roberts da realização teórica das comunicações utilizando a comutação de pacotes em vez de circuitos dedicados, o que se revelou um passo importante para as redes de computadores. Outro passo fundamental foi permitir que os computadores comunicassem entre si. Em 1965, explorar esta possibilidade, com a ajuda de Thomas Merrill, Roberts ligou o computador TX-2, em Massachusetts, ao computador Q-32, na Califórnia, através de uma ligação telefónica comutada de baixa velocidade, criando assim a primeira (embora muito pequena) rede informática de grande dimensão alguma vez construída. Esta experiência provou que os computadores com partilha de tempo podiam trabalhar em conjunto muito bem, executando programas e recuperando dados, conforme necessário, da máquina remota, mas que o sistema telefónico de ligação telefónica era totalmente inadequado. A crença de Kleinrock na necessidade de comutação de pacotes foi confirmada.

No final de 1966, Roberts foi contratado pela DARPA para desenvolver o conceito de rede informática e rapidamente pôs em prática o seu plano para a rede "ARPANET", que publicou em 1967. Na conferência em que apresentou o artigo, Donald Davies e Roger Scantlebury do NPL, no Reino Unido, fizeram também uma apresentação sobre um conceito de rede comutada por pacotes. Scantlebury falou a Roberts sobre o trabalho do NPL, bem como o de Paul Baran e outros da RAND. O grupo RAND tinha escrito um documento sobre a utilização de uma rede comutada por pacotes para a transmissão segura de voz no sector militar em
1964. Os trabalhos realizados no MIT (1961-1967), na RAND (1962-1965) e no NPL (1964-1967) decorreram em paralelo, sem que nenhum dos investigadores tivesse conhecimento dos trabalhos dos outros. A palavra "pacote" foi adoptada a partir dos trabalhos do NPL e a velocidade de transmissão proposta para a conceção da ARPANET foi melhorada de 2,4 kbps para 50 kbps.

Em agosto de 1968, tendo aperfeiçoado a estrutura e as especificações gerais da rede ARPANET, Roberts e a DARPA lançaram um concurso para a produção de uma componente essencial da rede: comutadores de pacotes denominados Processadores de Mensagens de Interface (IMP). A Bolt Beranek and Newman (BBN), dirigida por Frank Heart, ganhou o concurso em dezembro de 1968. Enquanto a equipa da BBN trabalhava nos IMPs com Bob Kahn, desempenhando um papel fundamental na conceção da arquitetura da rede ARPANET, a topologia e a economia da rede foram concebidas e optimizadas por Roberts, que trabalhou com Howard Frank e a sua equipa na Network Analysis Corporation, e o sistema de medição

da rede foi preparado pela equipa do Professor Kleinrock na UCLA.
Graças ao desenvolvimento inicial da teoria da comutação de pacotes por Kleinrock e ao seu enfoque na análise, conceção e medição, o seu Centro de Medição de Redes na UCLA foi escolhido para ser o primeiro nó da ARPANET. Em setembro de 1969, a BBN instalou o primeiro equipamento de rede IMP na UCLA e o primeiro computador anfitrião foi ligado ao mesmo. O projeto Augmenting Human Intelligence de Doug Engelbart (que incluía o primeiro sistema de hipertexto, NLS) no Stanford Research Institute (SRI) forneceu um segundo nó. O SRI apoiou o Network Information Center, dirigido por Elizabeth (Jake) Feinler e que incluía funções como a manutenção de tabelas de nomes de anfitriões e endereços e um diretório de RFCs.
Um mês mais tarde, quando o SRI foi ligado à rede ARPANET, foi enviada a primeira mensagem de anfitrião para anfitrião do laboratório de Kleinrock para o SRI. Foram acrescentados mais dois nós na UC Santa Barbara (UCSB) e na Universidade de Utah. Estes dois últimos nós incorporaram projectos de visualização de aplicações, com Glen Culler e Burton Fried na UCSB a investigarem métodos de apresentação de funções matemáticas utilizando ecrãs de memória para fazer face ao problema da atualização na rede, e Robert Taylor e Ivan Sutherland Universidade do Utah a investigarem métodos para representações 3D na rede. No final de 1969, a rede ARPANET inicial era constituída por quatro computadores anfitriões e nascia a Internet. Mesmo nesta fase inicial, é de salientar que a investigação sobre redes integrava tanto o trabalho sobre a rede subjacente como o trabalho sobre a forma de utilizar a rede. Esta tradição mantém-se até aos dias de hoje.
Nos anos seguintes, foram rapidamente adicionados computadores à rede ARPANET e prosseguiu o trabalho de conclusão de um protocolo de comunicações anfitrião-anfitrião funcionalmente completo e de outro software de rede. Em dezembro de 1970, o Grupo de Trabalho da Rede (NWG), liderado por S. Crocker, concluiu o protocolo de comunicações anfitrião-anfitrião para a ARPANET, denominado Protocolo de Controlo da Rede ou NCP. Como os sítios ARPANET terminaram a implementação do NCP entre 1971 e 1972, os utilizadores da rede puderam finalmente desenvolver as primeiras aplicações.
Em outubro de 1972, Kahn organizou uma demonstração importante e muito bem sucedida da rede ARPANET na Conferência Internacional sobre Comunicações Informáticas (ICCC). Foi a primeira demonstração pública desta nova tecnologia. Foi também em 1972 que foi desenvolvida a primeira grande aplicação: o correio eletrónico. Em março, Ray Tomlinson, da BBN, escreveu o primeiro software básico para enviar e receber correio eletrónicoas necessidades de comunicação dos criadores da ARPANET. Em julho, Roberts alargou a sua aplicação escrevendo o primeiro programa de correio eletrónico para listar, ler seletivamente, classificar, encaminhar e responder mensagens. A partir daí, o correio eletrónico tornou-se aplicação de rede mais difundida durante mais de uma década. Foi um prenúncio do tipo de atividade a que assistimos atualmente na World Wide Web - o enorme crescimento do tráfego de todos os tipos que liga as pessoas entre si.

XI.2. DEFINIÇÃO

Trata-se de um conjunto de redes globais interligadas que permitem aos computadores e servidores comunicar eficazmente através de um protocolo de comunicações comum (IP). [21]

XI.3 ACESSO À INTERNET (Word Wide Web)

Existem duas formas de ligação à Internet: com e sem fios. As ligações com fios utilizam cabos

[21] https://www.insee.fr/, consultado em 27/09/2023 às 15:49'.

físicos para se ligarem à Internet, enquanto as ligações sem fios utilizam ondas de rádio. As ligações com fios são geralmente mais rápidas e mais fiáveis do que as ligações sem fios, mas também requerem cabos e podem ser difíceis de instalar. As ligações sem fios, por outro lado, são mais práticas e fáceis de instalar, mas podem ser mais lentas e menos fiáveis.

XI.4. PROGRAMA DE NAVEGAÇÃO (INTERNET EXPLORER, MOZILLA, OPERA, ETC.)

Um programa de navegação é utilizado para **visualizar páginas da Internet**, que contêm texto, imagens, vídeos, ligações e outras funções. Um navegador liga-se a servidores Web, que lhe enviam o código dos sítios Web e o transformam numa página Web gráfica.

Existem vários browsers diferentes, incluindo o Internet Explorer, o Firefox, o Safari e o Chrome. Um navegador é uma janela para todo o conhecimento humano, permitindo-lhe procurar a resposta a qualquer pergunta.

XI.5. MOTORES DE PESQUISA (GOOGLE,...)

Um **motor de pesquisa** é, como o próprio nome indica, uma ferramenta que permite pesquisar na Web (ou num computador pessoal) recursos, conteúdos, documentos, etc., utilizando palavras-chave.

Basta introduzir as expressões que compõem a sua consulta e o **motor de busca** encontra automaticamente os recursos que correspondem à sua pesquisa. Os resultados são organizados de acordo com a lógica de cada motor de busca.

BIBLIOGRAFIA

❖ **As obras**

1. Curriculum national des Humanités Techniques Commerciales, Opção: Secretariado-administração ;
2. CAZES e J. DELACROIX, *Arquitetura das máquinas e dos sistemas informáticos*, 3e edição, Paris, Dunod, 2008;
3. CHANTAL MORLY, *Gestão de um projeto de sistema de informação. Princípios*, técnicas,
4. ORACLE e TECH TARGET, *Le rôle de l'informatique dans l'entreprise*, s. l, Ed. TechTargetcustomer Media ;
5. TANENBAUM, *Systèmes d'exploitation, 3ème édition*, Paris, Pearson ;

❖ **Os sítios Web**

1. www.insee.fr/
2. www.internetsociety.org
3. www.futura-sciences.com
4. www.larousse.fr
5. www.blog-du-net.net
6. www.google.com
7. www.toupie.org/Dictionnaire/Information.htm
8. http://web.undp.org
9. www.lemagit.fr
10. www.labri.fr
11. www.yourtopia.fr
12. https://konfuzio.com

More Books!

yes

I want morebooks!

Buy your books fast and straightforward online - at one of world's fastest growing online book stores! Environmentally sound due to Print-on-Demand technologies.

Buy your books online at
www.morebooks.shop

Compre os seus livros mais rápido e diretamente na internet, em uma das livrarias on-line com o maior crescimento no mundo! Produção que protege o meio ambiente através das tecnologias de impressão sob demanda.

Compre os seus livros on-line em
www.morebooks.shop

info@omniscriptum.com
www.omniscriptum.com

OMNIScriptum

MIX
Papier aus verantwortungsvollen Quellen
Paper from responsible sources
FSC® C105338

Printed by Books on Demand GmbH, Norderstedt / Germany